KB201075

# 목회자가
# 타락하면

팀 라헤이 지음

황승균 옮김

**생명의 샘**

If Ministers Fall
Can They Be Restored?

by Tim LaHaye

Copyright ⓒ 1990 A Pyranee Book
Published by the Zondervan published House,
All rights reserved

Translated and published by Permission.
Printed in Korea.

# 목회자가 타락하면

**1992년 6월 5일 초판 1쇄 발행**
**2016년 8월 25일 2판 1쇄 발행**
**지은이** 팀 라헤이
**옮긴이** 황승균
**발행처** 도서출판 생명의 샘
**등록일** 1992년 3월 5일 제22-657호
**등록주소** 서울시 송파구 백제고분로 27길 12(삼전동)
**전　화** (02) 2203-2739
**팩　스** (02) 2203-2738
**이메일** ccm2you@gmail.com
**홈페이지** www.ccm2u.com

# 목회자가
# 타락하면

팀 라헤이 지음
황 승 균 옮김

　　1980년대 미국 교회는 목회자의 도덕성의 문제로 인하여 진통을 겪어야 했던 시기였다. 역자 역시 미국에 거주하며 매스컴을 통하여 보도되는 짐 베커(Jim Bakker) 목사와 지미 스와갓(Jimmy Swaggart) 목사의 부도덕성과, 그들을 따르고 사랑했던 수많은 성도들의 좌절하는 모습과 죄를 범하고 괴로워하는 당사자들의 모습을 지켜볼 수 있었다. 이렇게 유명한 텔레비전 설교자(tele-evangelist)들의 타락 이후 "왜 목회자들이 이러한 부도덕성에 빠지게 되는가?"라는 물음이 계속되었고 목회자 윤리에 대한 많은 책들이 쏟아져 나오게 되었다.

　　그러던 차에 1990년, 미국의 「카리스마」(Karisma)라는 잡지에 한 기사가 실렸는데, 카리스마 잡지의 주필이며 기독교 칼럼니스트인 캐닝험(Caningham) 목사가 목회자의 윤리를 다룬 한 책에 대한 날카롭고 매서운 비판을 가하는 서평이 있었다. 그 책이 바로 본서 《목회자가 타락하면》( If ministers fall, can they be restored ?)이었다. 역자는 이 책을 읽으면서, 성장하고 있는 한국교회 목회자들에게 필요한 내용이 제시되어 있고 목회자 자신을 다시 한 번 점검해 줄 수 있는 길

잡이 역할을 할 수 있다고 생각했다.

독자들이 잘 아시는 대로 저자 팀 라헤이(Tim LaHaye) 박사는 가정 생활 세미나와 결혼 생활 상담가로 세계적으로 알려진 분이다. 라헤이 박사는 이 책에서 2부분으로 나누어 이야기를 하고 있는데, 1부에서는 목회자의 타락의 요인과 원인에 대하여, 2부에서는 타락한 목회자의 대한 처리 문제와 각계 교계 지도자의 의견과 자신의 견해를 밝히고 있다.

지루한 번역 작업에 위로를 준 아내와 만날 때마다 늘 우정어린 격려를 해 주는 김정도 목사, 그리고 이 책을 세상에 나올 수 있도록 물심 양면 힘쓰신 여러분에게 충심으로 감사드린다.

미국 Trinity College 도서실에서

역자 **황승균**

| 제1부 |

# 목회자가 타락하면

if fall

restored?

if ministers fall,
can they be restored?

# 제 1 장

## 도대체 교회에서
## 무슨 일이
## 일어나고 있는가?

2년 전, 샌프란시스코에서 달라스로 향하는 비행기 안에서였다. 어느 부인 곁에 턱수염을 기른 젊은 청년이 앉아 있었다.

기내 식사가 나왔는데 이 청년은 음식 먹기를 거절하였다. 그러자 옆자리에 있던 부인은 청년에게 몸이 불편하냐고 물었다. 청년은 몸이 불편한 것이 아니라 금식 기도하는 날이기에 음식을 먹을 수 없다고 말했다.

이 부인은 그가 기독교인인 줄 알고 자신도 예수를 믿노라고 밝히면서, 청년에게 예수 그리스도를 영접한 것에 대하여 물어 보았다.

그녀는 그의 대답을 들을 틈이 없었다.

"아니오, 나는 사탄 숭배자입니다."

그러면서, 미국 전역에 있는 목회자들의 가정과 결혼 생활을 파괴하기 위해 사탄교회 지도자들이 매주 화요일을 금식 기도의 날로 정했다고 설명했다. 그는 덧붙여서 말했다.

"우리 중 몇 명은 지금 달라스에 살고 있는 목회자들을 위하여 집중적으로 기도하고 있는 중입니다."

그 젊은이가 사탄에게 기도하여 영향력을 행사할 수 있는지에 대하여는 알 수 없지만, 복음 사역을 감당하고 있는 목회자들의 부도덕한 행위로 인해 존경심과 신뢰가 실추되고 또 전염병처럼 목회자의 결혼 생활이 파괴되는 것을 부인할 수는 없을 것이다.

유명한 텔레비전 설교자의 성적 추문을 들었을 것이다. 이 사건으로 인해 보도 기관은 전국의 관심을 끌어들이는 데 즐거운 비명을 지르면서도, 결혼 선서를 충실하게 지키는 대부분의 목회자들에 대해서는 결코 언급하고 있지 않다. 보도 기관은 몇몇 극소수 목회자들의 부도덕한 행위를 가지고 전체 기독교 지도자들을 불신하게 하는 일을 몹시 즐기고 있다.

나는 그 부인의 이야기에 적잖게 놀랐다. 왜냐 하면 그들의 목표인 달라스는 내가 익히 아는 도시이기 때문이었다.

지난 5년 동안 달라스는 계속해서 부도덕한 행위로 인한 비극적인 사건으로 몹시 시끄러웠는데, 보도 기관의 주요 대상 인물이 목회자들이었다.

교인 중 하나인 여성 정신과 의사와 사랑에 빠진 어느 목회자에 대해 잘 알려진 이야기가 있었다.

사건이 폭로되자 언론 기관은 목회자 부인이 집안에서 괴한들에 의해 습격을 당하고 목이 졸리는 폭력 사태가 발생했다고 보도하였다. 비록 그 부인은 살아났지만 이 글을 쓰고 있는 시간까지 의식 불명 상태이고 두 자녀를 양육할 수 없다고 한다.

그 목회자는 목사직이 박탈되었고 한 사건의 주범으로 지목되고 있는 상태이다. 그러나 경찰은 아직도 그를 범인으로 고발하기에 충분한 증거를 갖고 있지 못한 형편이다. 최근 보도에 의하면 이 목회자는 지금 그 여성 정신과 의사와 함께 샌프란시스코에 살고 있다고 한다.

어느 젊고 박력 있는 목회자는 각기 다른 열 명의 여성들을 강제로 추행하려다가 강간 혐의로 구속되어 교도소에 있다.

자연적으로 이런 이야기들은 그 지역 모든 신문의 1면 기사 거리가 되고 있다.

달라스에서 주일 아침 성경을 가르친 후에 나는 젊은 목사가 시무하는 가까운 이웃 교회에서 설교하게 되었다. 성장하는 교인들에 대해 나는 강한 도전을 받았고, 그의 아내와 세 자녀를 만난 후에는 '참 아름다운 가족이구나' 하고 생각했다. 그러나 다음 수요일 밤, 집사들이 자신들은 침묵을 지킬 테니 알아서 하라고 젊은 목사에게 통보했고, 그 다음 날 목사와 그의 가족은 목사관을 비우고 어디론가 사라졌다.

또 어떤 교회의 부목사가 조언을 구하기 위하여 나의 사무실을 찾았다. 그 교회 성도 중 한 사람이 자신의 아내가 담임목사와 간음한 사실을 알았고, 장로들은 이 사건을 어떻게 다뤄야 할까 조언을 구했다는 것이었다.

「달라스 매거진」(*Dallas Magazine*)이라는 잡지가 있다. 이 잡지는 기독교인들의 외식 행위와 특히 목회자의 비리를 폭로하기를 즐겨하는, 추문 폭로를 주로 취급하는 대중 월간지이다.

이 잡지가 1988년 9월호에서, 한창 부흥하고 있는 북달라스의 어느 침례교회 젊은 목사에 대해 믿을 수 없을 정도로 신랄한 악평으로 전면을 할애하고 있었다.

4년 동안 그와 여러 차례 성 관계를 가졌다는 어느 이혼녀를 포함하여 열 명의 여자 교인들과 성적인 관계를 맺었다는 이유로 목사가 제직들로부터 고발당하였다. 그 외에도 사기, 부녀자 유괴, 성적 학대 행위, 탐욕 등으로 고발 조치 당하였으며, 더욱이 가게에서 콘돔을 훔쳤다는 이유로 경찰에 체포되기도 하였고, 또한 세무국의 조사를 받고 있는 중이고, 공금 횡령죄로도 고발 당한 상태라고 하였다. 불명예스럽게 사임하기 전까지 8개월간 그는 그 교회에서 설교를 계속하였다.[1]

다른 또 한 경우는, 목회자의 부인이 교인 중의 기혼남과 눈이 맞아 목사의 곁을 떠난 예이다. 이 사건으로 인해 그의 결혼 생활은 깨어지고 그의 목회 사역도 끝이 나게 되었다. 그를 만났을 때 그는 외판

원 일을 하고 있었다. 그는 헌신적인 크리스천 아내를 신학교에서 만난 이야기, 자신과 두 명의 아이를 남겨놓은 채 교인과 눈이 맞아 도망한 아내 이야기를 하며 울먹였다. 그녀와 도망한 그 남자는 아내와 네 명의 자녀가 있다고 했다.

또 다른 비극적인 이야기가 매스컴을 대단히 바쁘게 만들었다. 미국에서 가장 성장이 빠른 교회의 목사 중 한 목회자가 갑자기 도덕적 실책이라는 이유로 사임했다. 교단에서도 깜짝 놀랐고 애석해 했다.

그러나 달라스만이 간음죄의 온상은 아니다. 지난 1년 반 동안 내가 개인적으로 알고 있는 12명의 목회자들이 성범죄로 인하여 타락했다. 그리고 목회자의 성범죄는 결코 자유주의 노선을 걷는 교회에만 국한된 것이 아니다.

경건한 삶을 사는 교단으로 널리 알려진 보수 교단의 어느 목사는, 여성 상담자가 자신을 감정적으로 완전히 의탁하고 있다는 사실을 알고는 상담을 통한 치료 행위시 속임수로 부도덕한 행위를 저질렀다는 이유로 배심원들로부터 유죄 판결을 받았다.

1989년 1월 〈국제 종교 소식〉이라는 보도 기관에 따르면, 이 목사는 1986년에 제정된 의사 및 성직자에 의한 치료나 상담행위를 빙자한 성적인 부당 행위를 금하는 법을 첫 번째로 어긴 범법자였다.

몇 개월 후, 그와 그녀는 그 도시를 떠나 석달 동안 함께 생활하였다. 그들은 배우자와 3명의 자녀를 각각 두고 있었다. 여자는 후에 가족의 품으로 돌아갔다. 그러나 그 목사는 지금 중고 자동차 판매원을 하고 있으며 아직도 가족과 떨어져 있고, 동거했던 그 여인은 그를 상대로 25만 불의 손해 배상 민사 소송을 청구 중이다.

아무리 훌륭한 목회자라 해도 그물 같은 간음의 거미줄로부터 예외일 수는 없다.

최근에 나는 75세 된 한 상담 목사를 알게 되었는데, 그는 오랫동안 외국 선교사로 일하였다고 했다. 그런데 그런 그가 동시에 교인 중 각기 다른 두 여성과 성적인 관계를 맺게 되었다고 하였다.

분명히 심각할 정도로 교회가 무엇인가 잘못되고 있다. 어떤 사람들은 모든 세대마다 목회자가 성적으로 타락하는 것을 볼 수 있었으며, 다만 그것이 오늘날은 매스컴 등을 통해 더욱더 잘 알려지고 있기 때문이라고 말들을 하곤 한다.

물론 언론 기관은 기독교인들이 신뢰받지 못하도록 모든 기회를 노린다는 것은 두말 할 여지가 없다.

그러나 목회자들의 성적 부정이 오늘날 더욱 더 편만해 가고 있는 것은 분명한데, 불행하게도 그러한 성범죄가 증가 추세에 있는지를 결정할 만한 충분한 자료가 없다. 「크리챠니티 투데이」(*Christianity Today*)라는 잡지에서 300명 목회자들을 대상으로 조사한 것이다, 대부분 목회자들이 구독하고 있는 「리더십」(*Leadership*)이라는 잡지에서도 보면, 확증할 만한 자료가 없고 단지 부분적으로 도움이 될 뿐이다.

범죄한 자들이 범죄하지 않은 자들보다 진실을 더 인정하지 않는 것 같다. 이런 식으로 이 자료가 왜곡되어 있다.

그러나 「리더십」이라는 잡지가 조사한 바에 의하면 교회에 심각한 문제가 있다는 사실을 알 수 있다.

조사에 응한 33%의 목회자들이 자기 아내 외에 다른 여자들과 성적으로 부정한 행위를 한 적이 있음을 고백했다. 그리고 18%가 자기의 아내 외에 다른 여성과 열정적인 키스, 애무, 상호자위 행위와 같은 여러 가지 성적인 행위를 가져 본 경험이 있다고 했다. 또한 목회를 하면서 조사에 응한 목회자 중 12%가 개교회에서 목회한 이래 자신의 아내 외에 다른 여인과 성적인 관계를 가졌음을 인정했다.

또, 그렇게 성적 접촉 행위를 하거나 간음을 한 대상이 누구였느냐고 물었을 때, 간음한 목회자 중 52%가 교인 또는 교회 직원이었다고 했고, 17%만이 상담하러 온 사람이라고 답변했다.[2]

부정한 성적 접촉을 했다는 사실을 인정한 목사 중 오직 4%만이, 교인이 그들의 부정을 발견하지 못하고 있다고 말하고 있었다.[3]


복된 소식

이 조사에 대해 내가 낙관적인 태도를 가지고 있는 것에 먼저 용서를 구하며, 이 통계를 토대로 한 가지 사실을 지적하고자 한다.

이 나라의 88%의 목사는 결코 간음을 하지 않았다는 사실이다. 또한 82%는 열정적 키스를 했다거나 하는, 성적으로 어떤 부도덕한 행위를 한 적이 없어 숨길 것이 없는 순수한 목사들이라는 사실과, 그리고 77%는 어느 모로 보아도 성적으로 부정한 행위를 한 적이 없다는 사실이다. 성적 부도덕이 만연된 시대 속에서도 4분의 3 이상의 목사들은 결코 성적으로 부도덕한 행위를 한 적이 없다. 우리는 이 순수한 목회자들에게 더 많이 귀를 기울일 필요가 있다.[4]

그리고 이러한 통계로 인하여 모든 교회 성도들은 안심할 수 있는 것이다. 분명한 것은, 성범죄가 난무하는 이 시대에서도 순수한 대다수의 목회자들을 신뢰할 수 있다는 것이다.

그러나 일부 지역의 교우들이나 특정한 가족들은 이러한 통계에도 위로를 받지 못한다. 아버지 또는 남편의, 그리고 목회자의 성적인 범죄가 폭로되었을 때 뒤따르는 견딜 수 없는 고통과 수치를 그들은 계속 겪게 될 것이다.

나는 이러한 고통을 겪고 있는 성도들과 가족들에게 이 책을 바치고 싶다.


## 이 책이 대답해 줄 중요한 질문

목회자의 성적 부도덕성에 대한 이야기를 들을 때 우선적으로 "왜?"(why)라는 질문을 하게 된다. 왜 복음 사역에 헌신하기로 다짐했던 목회자가 그의 사역을 위험에 빠지게 하고 그가 사랑하는 사람들을 고통과 절망에 처하게 하는가?

나는 모든 해답을 제시하고자 하지는 않는다. 다만 수년 동안 내가 발견했던 것을 제시할 수 있을 뿐이다.

제1부에서는 목회자의 타락의 요인을 조사하고 목회자가 성적인 유혹을 피할 수 있는 방법을 연구하겠다.

그러나 진짜 중요한 질문이 있다.

"과연 성적으로 타락한 목회자가 다시 사역에 회복될 수 있을까?" 하는 것이다. 솔직히 말해서 성경은 이 분야에 대해 확실한 해답을 주지 않고 있다. 그리고 기독교 지도자들은 자기들 나름대로 다양한 의견을 힘주어 표현하고 있다. 불행하게도 몇몇 교단은 이런 문제를 처리할 수 있는 교단 자체의 법을 정해 놓지 않고 있다.

제2부에서는 어떻게 목회자의 성적 범죄를 다룰 것인가, 그리고 타락한 목회자를 다시 회복시킬 수 있는가 하는 몇 가지 견해를 밝히고자 한다.

목회자의 성적 범죄로 감정이 고조되어 왔던 교회에 긍정적인 영향력을 주며 신선한 아이디어를 제공할 수 있는 책이 되기를 기도한다.

# 제 2 장

# 성적으로 타락한
# 목회자가
# 치러야 할 대가

사람이 불을 품에 품고서야 어찌 그의 옷이 타지 아니하겠으며 사람이 숯불을 밟고서야 어찌 그의 발이 데지 아니하겠느냐 남의 아내와 통간하는 자도 이와 같을 것이라 그를 만지는 자마다 벌을 면하지 못하리라 … 여인과 간음하는 자는 무지한 자라 이것을 행하는 자는 자기의 영혼을 망하게 하며 … 음녀로 말미암아 사람이 한 조각 떡만 남게 됨이며 음란한 여인은 귀한 생명을 사냥함이니라. - 잠언 6 : 27-29, 32, 26

주변에 간음죄가 폭로된 동료 목회자가 있을 때 비로소 - 목회와 그 자신의 성실함, 자존심과 심지어 결혼 생활을 파탄에 이르게 하며 영혼을 뒤흔들어 놓는 오열과 고통을 듣고 느끼기 때문에 - 한 인간이 표현하는 고통을 진정으로 들을 수 있다.

목회 35년 동안 나는 인간의 숱한 고통을 보아 왔다. 자녀를 잃은 부모를 보았고, 배우자를 장사지내는 것을 보았고, 감히 상상조차 할 수 없는 고통들을 잘 극복하는 사람들을 보아 왔다. 여러 차례 나는 그들을 껴안고 함께 울기도 했다. 슬픔이 극심한 그 순간에 언어라는 것은 무의미하다. 우는 자와 함께 울어야 한다.

지금까지의 나의 경험으로는, 간음죄를 범하여 주님과 교회와 그가 사랑하는 사람들에게 가져다 준 수치로 인하여 모든 것이 완전히 일그러진 젊은 목사의 고통 소리보다 큰 절규는 아직 들어보지 못했다. 어떤 목회자는 너무 오래 울어 눈물이 말라버리기까지 했다. 타락한 목사는 그의 죄악의 터널 저 끝에 있는 빛을 찾지 못한다. 그는 끝없는 어둠에 헤매게 되고 자신만을 원망할 수밖에 없다.


## 타락한 목회자가 치러야 할 대가

간음죄는 결코 개인에게만 국한되고마는 개인 죄가 아니다. 목회자의 간음은 목회자 당사자뿐만 아니라 그의 사역, 그의 아내, 그의 가족, 그리고 같이 범죄한 상대방 여인과 그녀의 가족, 주님의 교회, 더 나아가 믿지 않는 세상 사람들 모두에게 여러모로 그 영향력을 준다.

간음죄는 결코 예수 그리스도의 교회가 가볍게 다루어서는 안 되는 죄이다. 자기 자신의 아내가 남편이 아닌 다른 사람과 한 몸이 되는 것을 성경은 심하게 견책하고 있다. "음행하는 자는 자기 몸에 죄를 범하느니라"(고전 6 : 18). 다른 구절에서는 자기 영혼에 죄를 범하는 것이라고 했다. 문자적으로 표현하면 영혼이라는 말은 생명(잠 6 : 32) 이라는 의미이다.

최근에 나는 중서부 교회에서 목회하는 67세 된 어떤 목회자와 저녁을 함께할 수 있는 기회가 있었다. 나는 가까운 동료 목사의 간음에 대하여 그에게 말한 뒤 이런 질문을 했다. "성적인 타락으로 인하여 전에 그가 감당했던 사역을 효과적으로 다시 감당할 수 있도록 하나님께서 회복시켜 사용한 목사의 경우를 알고 계십니까? "

그 목사는 나를 쳐다보았다. 사실상 그 침묵이 너무 오래 지속되었기 때문에 나는 불편함을 느꼈다.

그런데 갑자기 그의 눈에서 눈물이 볼을 타고 흘러내렸다. 그리고 그는 이렇게 대답했다.

"라헤이 형제, 지난 9년 동안 어느 누구에게도 이것에 대해 말한 적이 없었습니다만, 내가 바로 그런 사람입니다. 어렸을 적 나는 교인 중 어느 여인과 간음한 적이 있었습니다……."

그는 자신의 비극적인 결과를 술회하였다.

33년이 지난 지금 그의 일상적인 사역에 하나님의 용서와 하나님의 축복이 있었음에도 불구하고, 그가 범했던 죄에 대한 수치와 슬픔이 여전히 남아 있었던 것이 분명하였다.

솔직히 말한다면 간음죄를 범한 목회자는 정신적으로 황폐할 정도로 고통을 느끼게 된다. 이러한 이유에서라도 범죄한 목회자에게 또 다른 고통을 더해주지 않도록 교인들은 주의를 요했으면 한다. 그들은 자신의 고통을 안고 늘 괴로워하고 있는 것이다.

물론 목회자의 부정이 처음 알려졌을 때 교인들의 마음속에는 분노의 감정이 솟아오르게 되고, "죄 값을 당연히 치러야지" 하며 은근히 자기 의로움을 나타내고 욕지거리를 내뱉을 것이다.

그러나 그 목사는 지금 죄악에서 고통을 당하고 있다. 우리가 그에게 자신이 범한 죄로 더 많은 고통을 당하라고 저주하고 욕한다 할지라도 그가 범한 자신의 그 죄의 짐을 더 커지게 할 수는 없다. 우리는 그의 죄에 대한 결과를 약화시키거나 그의 죄의 짐을 가중시키지는 못한다.

목회자는 죄가 폭로되어 수치와 굴욕을 당한 뒤에도 오랫동안 자신이 범한 그 죄로 인하여 몇 배나 더 고통당해야 한다는 잘못된 생각에 사로잡혀 있는 성도들이 있다.

그러나 그들도 한때 능력 있는 영적 지도자였던 목회자가 계속 눈물을 흘리며 비탄에 빠져 있는 몇 시간도 아닌 수많은 날들을, 그 비참한 순간들을 가까이에서 볼 수가 있다면 더 이상 그런 생각을 하지 않게 될 것이다.

어떤 범죄한 목회자는 이렇게 잠 못 이루는 긴 밤 동안 자살하기도 한다. 그들에게 가장 고통스러운 일은 자신들이 주님을 배반했다는 것이다.

여러 해 동안 나와 친분 관계가 있는 유명한 목회자가 있는데, 그 목회자가 간음했다는 사실이 폭로되었다. 매스컴 보도에 대하여 보인 나의 인간적인 반응은 전형적인 것이었다.

나는 그에게로 급히 비행기를 타고 갔다. 나는 하나님께서 수많은 하나님의 백성을 도우라고 사용하신 목회지에서 어찌 그리 터무니없는 위험한 일을 행했느냐고 힐책하지 않고는 그대로 있을 수가 없었다. 또, 나는 이렇게도 생각했다. '어쩌면 나는 그를 죽일 수도 있어.' 그러나 내가 이러한 잘못된 생각을 하는 것조차도 나는 의식하지 못하고 있었다.

적어도 그를 보기 전까지 나는 그런 생각을 가지고 있었다. 그러나 그를 만났을 때, 전에 그렇게 균형 있게 잘생겼던 그의 얼굴 깊숙이 비탄과 절망의 그림자가 뚜렷하게 새겨져 있었다. 나는 그를 껴안고 그와 함께 울어 버렸다.

아직도 나는 그를 사랑하고 있다. 그리고 여전히 나는 그에게 왜 범죄했느냐고 묻고 있다. 분노는 사라졌다.

그러나 그가 고민하는 그 고뇌의 모습은 떨쳐버릴 수가 없다. 분한 마음에 용서하지 못하고 교회를 떠난 성도들이 이런 모습을 보았다면 다시 교회에 출석할 수 있었을 텐데 하는 생각이 든다.

내가 아는 아주 경건하고 존경받는 목사였던 그가 사직서를 쓴 후에 제직회에 넘겨주기 직전, 그는 다시 한 번 훑어보고는 손으로 얼굴을 가린 채 울기 시작하였는데, 손가락 사이로 눈물이 계속 흘러내렸다.

"나의 하나님, 나의 하나님, 제가 행한 것이 무엇입니까?" 그는 흐느껴 울었다. 그의 모습을 보고 그 방안에는 분노에 찬 사람도 없었고 울지 않는 사람도 없었다.

## 그의 사역이 타락 전과 같지 않을 것이다

간음죄를 범하게 되면 그 목회자는 몹시 심한 고통을 겪게 된다. 그는 갑자기 자기 사역을 잃어버린 것을 느끼게 된다. 그의 생활은 예전과 같지 않을 것이다. 매일 아침 거울에 비친 자기 모습에서 간음한 자의 모습을 보게 될 것이다. '용서받은 간음자'(만일 그가 진실로 자신의 죄를 회개했다면). 그러나 다윗처럼 통곡할 것이다.

"내 죄가 항상 내 앞에 있나이다"(시 51 : 3).

자기 자신을 용서하지 못하는 것, 이것이 가장 비싸게 치러야 할 대가일 것이다.

다윗 왕은 하나님의 성품을 닮은 사람으로 일생을 살았다. 간음, 속임수, 살인죄는 지상에 사는 80년의 생애 중 극히 짧은 시간에 일어났다. 그러나 그 짧은 시간에 범한 죄에 대한 양심의 가책은 죽을 때까지 지속되었다.

선교 프로그램을 잘 구상하고 추진해 오던 아주 가깝게 지내던 목사가, 그가 시무하고 있는 교회에서 개최한 선교사 대회에 참석하기도 할 겸 휴가차 모국에 돌아온 선교사 부인과 사랑에 빠지게 되었다.

그녀의 휴가가 끝나기도 전에 그 친구가 자신의 아내를 버리고 교회를 사임하고 그 선교사 부인과 다른 곳으로 떠나리라고는 어느 누구도 꿈에도 생각지 못한 일이었다.

처음에 그는 나와 동료들의 충고를 거부했다. 그러나 최후에는 하나님께서 그의 일에 간섭하셔서 그들의 불륜 관계는 깨어지게 되었다. 그 당시 나는 그의 상담을 담당하는 특권을 갖게 되었고 그의 아내와 다시 화해시켰다. 얼마 후에 그는 다른 교회에서 시무하게 되었다. 그리고 그의 사역이 하나님의 축복을 받은 것처럼 보였다. 5년 정도 지난 후에 그 목사는 뇌암에 걸려 오랫동안 혹독한 고통을 겪은 후에 죽었다.

나는 그가 이 암에 걸린 것이 죄의 결과라고 생각하지 않는다. 왜냐하면 그는 자신의 죄를 회개했기 때문이다. 그리고 성경도 이렇게 가르치고 있다.

"우리가 우리를 살폈으면 판단을 받지 아니하려니와"(고전 11 : 31).

하나님께 악한 일을 행하고 그리스도께 해가 되는 행위를 하여 능욕 거리가 되고도 회개하지 않는 자에게 하나님께서 질병을 주신다고 한다면, 이미 회개한 죄로 인하여 하나님께서 질병을 주셨다고는 생각하지 않는다. 사실상 성경은 이렇게 단언하고 있다.

"내가 그들의 악행을 사하고 다시는 그 죄를 기억하지 아니하리라 여호와의 말씀이니라"(렘 31 : 34).

불행하게도 이 타락한 목사는 완전하게 자신의 죄의식을 버리지 못하고 있었다. 죽기 마지막 순간에도 그는 울며 이렇게 말하곤 했다. "만일 내가 죄를 범하지 않았다면 이러한 일은 결코 생기지 않았을 텐데."

그는 고뇌에 찬 목소리로 이렇게 덧붙였다.

"팀(Tim), 가장 고통스러운 일은 하나님이 나를 용서하셨다는 사실이 믿어지지 않는다는 것일세."

나의 친구는 자기가 용서받았다는 사실을 잘 알고 있다. 왜냐하면 그는 하나님의 용서의 확신을 가질 수 있도록 수많은 사람들을 가르쳐 왔기 때문이다.

그에게 하나님의 용서의 확신이 가장 필요했을 때 그는 스스로가 그 확신을 갖지 못했다. 그의 죄가 하나님의 사랑을 충분히 받아들이는 데 장애 요인이 되었던 것이다.

성적인 죄를 범한 목사는 죄에 직면할 뿐 아니라 자신의 모든 것은 물론이고 교인들의 존경심도 모두 잃게 된다. 친구들이 그를 경멸하며 자신을 주시하게 된다. 그가 교회를 사임할 때쯤이면 모든 상황이 이전과 전혀 다르다는 것을 알게 된다. 더 이상 목회자에게 부여된 존경심을 받지 못하게 된다. 담임 목회자로서 누렸던 모든 신뢰와 존경심이 사라지게 된다.

일단 목회지를 잃고 나면 수치와 불명예뿐만 아니라 일자리도 잃게 되고 자신의 성실함도 상실하게 된다.

타락하기 전에 아무리 효과적으로 사역에 임했을지라도 선행은 하나도 기억되지 않고, 오직 그의 죄만 적어도 몇 개월, 아니 몇 년 동안 많은 사람들의 기억에서 사라지지 않고 기억될 것이다.

아내와 이혼하고 다른 여성과 결혼한 목회자에게 교인들은 관용의 태도를 보여 주지 않는다. 특별히 여성들에게는 그러한 행위가 남편들에게 부정적인 면을 보여 주기 때문에 더더욱 관용의 태도를 보이지 않는다.


"해결할 수 없으면 이혼하라."

미국의 이혼율이 50%가 되는 오늘날, 교회에서 이런 메시지를 전한다는 것은 어림도 없는 일이다. 진실로 하나님의 뜻을 찾는다면 다시 서로 사랑하고 화해하지 않는 부부란 없는 것이다.

나의 친구 중 하나는 자기 아내와 이혼한 크리스천 문인 이야기를 들은 적이 있었다.

"걱정 말게, 아내와 이혼하고 자네가 사랑하는 여인과 다시 결혼하게나, 3년 안에 사람들은 이 사실을 모두 잊게 될 걸세. 그리고 자네가 쓴 책도 예전처럼 인기 있게 팔릴 걸세."

그러나 그의 판단은 옳지 않았다. 크리스천 사회에서는 이 사실을 잊으려 하거나 잊지도 않고 있었다. 이 두 사람은 한때 그들이 즐겁게 일했던 공적이며 사적인 사역을 감당할 수 없게 되었다. 나의 친구의 아내는 그를 가정으로 돌아오게 하고 그들의 결혼 생활이 정상적으로 유지되도록 노력했지만, 그는 과거의 그 여인을 포기하기를 거절했다.

오늘날 왜 많은 크리스천들이 아무 일도 없었던 것처럼 그 명성 있는 저자를 대해 주는 것을 꺼리는지를 뼈저리게 깨달으면서, 그들은 지금도 어려움을 겪고 있다.

## 그의 결혼 생활이 결코 타락 이전과 같지 않을 것이다

결혼이란 하나님과 서로 상반된 성(性)을 가진 두 사람의 거룩한 관계이다. 결혼은 "둘이 사는 동안" 남편과 아내 두 사람만의 성 독점권에 대한 계약이다.

자신이 하나님께 죄를 범했다고 인정하는 한, 그는 또한 자신이 아내에게도 깊은 죄를 범했음을 깨닫게 될 것이다. 자신이 아내에게 충성스럽게 한 맹세, 그 계약을 자신이 파기했다는 사실을 알고 아내를 대하게 될 것이다.

대부분의 경우 남편들은 걱정을 한다. "어쩌면 아내가 자살할지도 몰라, 죽지는 않는다 해도 아내는 절대로 나를 용서하지 않을 거야."

신약성경에 의하면, 그런 경우 아내는 이혼하기를 원한다면 그와 이혼할 권리도 있다(마 19 : 9).

간음은 큰 해를 가져오는 죄이다. 목사 자신이 육신의 죄를 짓는 것뿐만 아니라 그의 아내의 육신에도 죄를 범하는 것이 된다(고전 6 : 18, 7 : 4).

많은 여인들은 그들의 남편에게 말한다.

"내가 결코 용서할 수 없는 한 가지가 있어요. 그것은 간음이예요."

목회자의 아내가 겪는 고통에도 불구하고, 신앙심이 깊은 여성이라면 참으로 남편이 회개할 때 남편을 용서할 것이다.

아직 뚜렷한 통계 자료는 갖고 있지 않지만, 내가 상담했던 목회자 아내의 85%가 간음한 남편을 용서하는 은혜가 있었음을 나는 발견했다. 그러나 그것은 결코 쉽게 행할 수 있는 일이 아니다. 그리고 용서하는 것과 잊는다는 것은 별개의 문제이다.

어느 타락했던 목회자는 그의 고충을 이렇게 말했다. 수년 동안 그가 아내와 잠자리를 함께했을 때, 그의 아내에 대한 사랑의 표현이 아내를 몹시 불쾌하게 만들었다고 한다. 열정적인 반응 대신에 아내는 분노를 나타내면서, 울음을 터뜨리고 그의 가슴을 때리고 그의 죄에 대하여 분풀이를 하곤 했다고 한다. 그러면 용서하시는 하나님의 은혜를 구하며 자신을 때리는 아내의 손목을 힘있게 붙잡고 간청하였다고 한다.

"여보, 당신이 어떻게까지 할 수밖에 없는 당신의 심정을 잘 알아. 나는 하나님과 당신에게 죄를 지었소. 정말 미안하오. 제발 용서해 주오."

아내는 그런 일을 잊기가 어려운 유일한 상대자이다. 범죄하는 순간, 타락한 목사는 아내와 잠자리를 함께할 때 성실하고 순결한 남편의 모습을 다시는 찾지 못할 것이다. 그 대신, 굳게 닫힌 침실의 문은 성실성 없고 배신감만을 기억나게 해 줄 것이다. 대부분의 경우 남편은 자신의 아내에 대한 사랑을 다시 보이려고 노력하며 남은 생애를 보내게 된다.

결혼 생활을 유지하는 데 가장 큰 장애 중의 하나가 사랑과 존경심의 상실이다. 남편과 아내에게 주는 교훈 가운데서 사도 바울은 이렇게 말씀하고 있다.

"그러나 너희도 각각 자기의 아내 사랑하기를 자신 같이 하고 아내도 자기 남편을 존경하라"(엡 5 : 33).

남편의 사랑과 아내의 경외는 경건한 결혼 생활에 필수적인 두 요소라고 바울은 말하고 있다. 그러나 남편이 부정을 저지를 때 이 두 요소는 모두 사라지게 된다. 아내가 남편이 가진 어떤 능력과 가치를 인정하는 것이 존경심이다.

타락한 목회자의 아내는 다시는 남편에 대한 존경심을 회복하지 못할 것이다. 아내가 분노심에 깊이 빠져 참으로 용서하지 못하고 형식적으로 그를 대한다면 부부의 관계는 불행하게 될 것이다.

내가 이제 경건한 사역자의 아내들에게 공정하게 말할 수 있는 것은, 남편이 목회자로서 부름을 받았을 때 사모로서 목회에 대한 주님께로의 의탁이 남편의 목회에 버금가는 것이라고 한다면, 타락한 남편의 고통의 짐을 최소한 덜어줌으로써 남편에 대한 아내의 사랑을 나타내어야 한다는 것이다. 모름지기 아내라면 남편의 그 깊은 고통을 알고 느껴야 할 것이다.

이와 유사한 죄를 범하여 그가 도와준 사람들로부터 그가 받은 편지를 함께 읽는 것도 좋은 방법이 될 수 있다. 분노에 차 못견디며 비판하는 사람에 의해 남편이 무참하게 짓밟힐 때에 아내는 가만히 서서 묵묵히 바라보고만 있는다면 안 될 것이다.

그러나 남편의 이러한 범죄에도 불구하고 신앙적인 아내들이 남편에 대한 존경심을 계속 유지한다는 일은 쉬운 일이 아니다. 이것이 간음죄로 인하여 치러야 할 비싼 대가이다.

## 그의 가족이 전과 같지 않을 것이다

목회자 아내의 존경심 상실만으로는 충분하지 않고, 위축되고 마음 둘 곳이 없는 자녀들을 대하는 것이 또한 만만치 않은 일이다.

우선은 용서하며 아버지와 함께 울기도 한다. 그러나 아버지의 죄의 내용이 분명해지고 자신들 개인의 삶에 너무 생생한 변화가 일어나고 있음을 알고, 그들은 종종 화를 내면서 아버지에게 맞서기도 하고 무례함을 보여 고통을 주기도 한다. 그들은 말로써 고통을 주는 것이 아니라, 경멸스런 행위와 표정으로 고통을 준다.

경우에 따라, 실망하고 분노에 찬 교인들에 의해 가해지는 아버지가 겪어야 하는 엄청난 고통에 대해 아버지에게 용기를 잃지 않도록 부추기기도 하지만, 자식과 아버지간의 관계가 정상적으로 회복되기는 어렵다. 적어도 몇 년 동안은.

목회자는 이렇게 자신이 행한 죄의 대가를 계속 지불할 것이다. 그가 행한 것에 비해 그 대가가 너무나 무거운 것같이 생각되기도 할 것이다. 또, 자신이 행한 죄의 대가를 계속 지불하며 그 대가가 너무 크지 않은가 스스로 묻고 싶기도 할 것이다.

그러나 그는 주님과 아내에게 죄를 지었을 뿐 아니라 그와 함께 범죄한 여인과 그녀 가족과 그녀의 남편과 교회와 교단과 지역사회와 그리스도의 나라에 죄를 범한 것이다. 목회자의 성적 범죄가 엄청난 결과를 가져다 준다는 것은 당연한 일이다.

## 목회자 아내가 치러야 할 대가

타락한 목회자의 아내와 이야기를 나누면서 상당히 충격적인 사실을 알았는데, 그들이 남편의 범죄 사실에 대해 별로 놀라지 않고 있다는 것이었다. 비록 그들이 증거 불충분이라는 이유로 그들의 가슴 속에 남편이 범죄했다고 하는 혐의를 묻어 두었다고는 하지만, 누군가가 말했듯이 그들은 본능적으로 알고 있고 정확하게 입증이 된다. 다만 추잡한 사실에 대해서 아는 체를 결코 하지 않는 것일 뿐이다.

남편 스스로 다른 여성과 성적인 관계를 가졌다고 그의 경건한 아내에게 말한다는 것은 아내에게는 실로 참담한 경험이며, 이때 아내의 꿈은 산산 조각이 나게 된다. 그리고 아내는 걷잡을 수 없는 공포에 마음을 졸이게 된다.

**목회자 아내의 생활이 결코 예전과 같지 않을 것이다**

목회자의 아내가 남편이 범죄했다는 사실을 고백할 때 그 사실을 알았든지 아니면 다른 시기에 알았든지, 그의 행동의 결과는 그녀의 삶을 바꾸어 놓게 된다. 남편의 간음 행위의 여파로 몇 달 동안, 아니 다가올 몇 년 동안 그녀의 감정은 급격한 변화의 경험을 갖게 된다.

첫 번째로 사모가 갖게 되는 반응은 눈물이다. 그녀는 남편이 갖는 비통함에 동정심을 갖고 함께 울며 용서하고 있다는 표현도 하게 된다.

비탄 뒤에는 아내의 가장 심각한 반응이 따르는데, 분노심이다. 그녀는 인생에서 처음으로 끓기 시작하는 분노라는 큰 냄비를 소유하게 되고 분노의 냄비를 세차게 끓이기 시작한다. 이렇게 분노는 최고의 상태에서 정상적인 상태로, 정상적인 상태에서 격분의 상태로 치달으며 안정을 찾지 못하게 된다.

그러나 그녀는 성령의 통제를 받고 영적인 삶을 살아 왔으며 모든 상황에서도 감사하기를 배웠으므로 곧 이러한 행위가 영적으로 죄라는 사실도 깨닫게 된다.

만일 이 분노심을 제거하지 않으면 이 분노로 인하여 남편에 대한 성적 욕구도 사라져 가게 될 것이다. 분노로 인하여 이러한 일이 생긴다. 남편의 부정을 잊고 용서하려고 하나님의 은혜를 진실로 구하지 않는 한, 그 분노심으로 인하여 그녀는 아주 냉혹한 여인으로 변하게 될 것이며, 분노는 사랑보다 더한 무서운 파괴력 있는 감정이라는 것을 깨닫게 될 것이다.

몇 차례의 배신을 경험한 한 여성은, 자신의 남편이 범죄했다는 고백을 들은 뒤 석달 동안 남편에 대한 감정이 없어지고 남편과의 성 생활이 더 이상 즐겁지 않을 뿐만 아니라 소름끼치는 의무적인 행위였다고 말했다.

이 이야기는 배신을 경험한 여인들이 대단히 분노감에 차 있다는 것을 입증한다.

아내의 감정은 가족이나 자녀에 대한 그녀의 관계에서 잘 입증되는데, 아버지의 잘못된 행위로 분노에 차 있고 마음을 잡지 못하는 모든 자녀들을 위로해야 하고 친척들을 대해야 할 것이다.

목사의 아내의 감정만이 남편의 부정으로 인하여 유일하게 영향을 받는 것은 아니다. 부정 사실이 교회에 알려지면 목사는 사임을 해야 하고 가족은 이사를 해야 할 것이다. 비록 그들의 장래를 염려하여 교회에서는 타락한 목회자에게 3개월에서부터 12개월까지의 생활비를 계속 지급하는 경우도 있지만, 생활비는 엄청나게 깎이게 된다.

조만간 그녀의 남편은 다른 직업을 찾게 될 것이다. 또한 그녀도 처음으로 집 밖에서 일자리를 구해야만 할 것이다.

### 목회자의 아내의 사역이 예전과 같지 않을 것이다

목회자의 범죄로 인하여 목회자의 아내 역시 사역을 잃게 된다. 그동안 목회자의 아내는 교회 일에 적극적으로 참여했었을 것이다. 그러나 남편의 범죄로 인하여 교인들과 목회자의 아내와의 관계에 심각하게 금이 가게 된다.

규모가 큰 교회에서 여자 교인들에게 성경을 가르쳐 오던 사모는 이렇게 안타까워했다.

"그의 죄 때문에 나의 사역까지 대가를 치르고 있어요. 그리고 나는 잘못된 행동을 해온 적이 없어요."

많은 굴욕을 받았던 다른 사람과 마찬가지로, 목회자의 아내는 남편의 도덕적인 위선에 대한 결과를 견뎌 내야 한다. 적어도 당분간은 그녀를 존경했던 모든 사람에게 그녀의 삶이 위선적인 행위로 보일 것이다.

그녀는 교인들이 자신에 대해 지금 어떻게 생각하고 있을까 하고 몹시 궁금해 할 것이다. 많은 사람들은 그녀가 따뜻한 면이 없고 성적으로도 남편에게 민감한 편이 못 되었다고 부분적으로 책망할 것이다. 어떤 사람들은 사모가 너무 냉정하고 심지어는 불감증의 여인이라고까지 추측할 것이다.

사모가 범죄도 하지 않고 또 어떤 일을 하는 데 소홀히 하지 않았다 할지라도, 그녀는 전에 친구였던 교인 모두에게 인정을 받지 못하게 된다. 그리고 교인들에게 남편이 범한 죄로 인한 수치심과 분열에 대한 책망을 좀처럼 회피할 수는 없을 것이다. 주님의 은총을 가지고 남편 사랑하기를 배웠던 아내들조차도 결코 그 죄 값을 지불하지 않고는 안 될 것이다.

나와 나의 아내 베브(Bev)가 개최하는 '가정생활 세미나'에서 많은 여성들이 자신의 목회자의 아내였다고 신분을 밝히면서 예전의 목회 생활과 사역을 참으로 그리워하고 사역에 임하고 싶다고 말했다.

남편의 부정을 알고 난 후 몇 달 동안 사모의 삶은 죄에 대하여 몸서리나게 지불해야 할 것들로 가득 채워진다. 결혼식 석상에서 "좋을 때나 나쁠 때나"라고 선서했던 결혼식 선서가 그녀에게 새로운 의미를 생각하게 만든다.

## 용서의 값비싼 대가

남편의 부정 사실을 알고 상담하러 온 목회자의 아내가 있었다. 우리와 이야기하고 기도한 후에 그녀는 남편을 용서하였다. 그러나 석 달 후에 다시 나의 사무실을 찾은 그녀는 이렇게 고백했다.

"나는 더 이상 나의 남편을 받아들일 수 없어요. 나는 그가 나를 만지는 것을 도저히 참을 수가 없어요."

인간적으로 말한다면 우리는 그녀의 분한 마음을 이해할 수 있다. 나는 그녀에게 이렇게 설명했다.

"당신의 분노와 적개심이 성생활에 있어서 당신을 거부하고 있군요."

"어떻게 해야 하나요?"

그녀는 다그쳐 물었다.

나는 빌립보서 3장 13절 말씀을 가지고 지난 과거의 일은 모두 잊고 그를 용서하라고 위로하였다. 그러나 그녀의 분노에 찬 반응은 전혀 뜻밖이었다. "그는 절대로 용서받을 수 없는 사람이예요! 우리는 성경을 배우며 같은 교회에서 자랐어요. 그가 성경을 나보다 더 잘 알아요. 저는 그를 용서할 수가 없어요."

그녀는 진정으로 남편을 용서하지 않고 있었던 것이다.

나는 마지막으로 그녀에게 물었다.

"당신의 남은 생애가 불행해지기를 원합니까, 행복해지기를 원합니까?"

그녀는 울먹이며 말했다.

"물론 행복하기를 원해요."

나는 강력하게 말했다.

"그러면 용서해야 합니다. 용서를 받을 만한 짓을 해서 용서하는 것이 아니라, 용서하는 것이 바로 하나님의 뜻이기 때문입니다."

그때 하나님께서 역사하셔서 그녀는 남편을 용서했다. 지금 그 부부는 진실하고 아름다운 부부관계를 누리고 있다 죄 용서를 받았을 뿐 아니라 그들의 부부관계가 치유되었다. 그리고 함께 다시 주님을 섬기고 있다. 그러나 그것을 그녀에게 용이한 일이 아니었다. 결코 지금도 쉬운 일이 아니다.


## 가족이 치러야 할 비싼 대가

서부쪽으로 가는 비행기 안에서 우리 일행 중 한 분이 아주 매력 있는 대학 2학년인 여학생 곁에 앉게 되었다. 그녀의 옆좌석 앉았던 우리 일행은 그 학생이 울고 있다고 말했다. 그가 그녀에게 말을 건

냈다.

"무슨 어려움이 있나요?"

그녀는 갑자기 오열하기 시작했다. 아버지가 목회자였다고 하면서, 아버지의 성적인 범죄로 그녀의 삶이 비극적으로 바뀐 사실을 이야기하였다.

"일주일 전까지만 해도 저는 학교에 잘 다니고 있었어요. 아빠는 널리 알려진 목회자였고 우리 교단의 지도층에 계신 목사님이셨어요. 그런데 이틀 전 아빠는 불명예스럽게 교회를 사직하셨어요. 이 모든 소문이 우리 학교 전체에 알려졌고 모든 것이 뒤바뀌게 되었어요. 저는 타락한 목회자의 딸입니다."

타락한 목회자의 자녀들에게 이러한 현상은 단지 시작에 불과하다. 목회자의 부정에 대한 사실은 재빠르게 알려진다. 자녀들은 젊은 층 친구들에게서뿐만 아니라 선생님에게서도 존경심의 상실된 모습을 느끼게 된다.

어떤 목회자의 아들은 그 아버지를 향하여 악을 쓰며 대들었다. 아버지가 전에는 그의 우상이었다.

"아버지는 언제나 위선자였군요. 다시는 보고 싶지 않아요."

이러한 분노의 한 마디는 부모의 마음에 고통을 안겨다 준다.

어떤 자녀들을 자신의 잘못된 행동을 아버지의 부도덕한 탓으로 돌린다. 아버지가 시무하는 교회에서 늘 재정적인 후원을 받아 왔던 어느 크리스천 학교에서 고등학교 3학년인 목회자의 아들이 여학생을 임신시켰다. 이 문제로 그를 추궁하자 그는 이렇게 말했다.

"부전 자전이죠, 뭐."

어떤 목회자의 딸이 있었다. 아버지의 수치스러운 일이 있기 전까지는 부모가 알기로 순결을 지키고 있었다고 생각했다. 그런데 아버지의 잘못된 행위가 세상에 알려지자 그녀는 자기 반 남학생 3명을 유혹하여 난잡한 성 관계를 가졌고, 그들이 다니던 크리스천 학교로부터 4명이 모두 퇴학을 당해야 했다.

이렇게 일부 반항적인 목회자의 자녀들은 하나님께서 진노하실 자신들의 죄를 변호하기 위하여 아버지를 이용한다. 부모는 자녀들이 진리 안에서 행하기를 기도하고 원하지만, 자녀들은 오히려 그에 대한 반항으로 하나님을 대적하고 범죄하는 것이다. 반기독교 단체의 지도자 중 두각을 나타내는 인물 중 하나가 타락한 목사의 분노에 찬 아들이다.

신앙생활을 하다 실망에 찬 어느 부모가 비극적인 이야기를 들려주었다. 그들 부모에게는 영적으로 잘 성장하여 목회자의 길로 가도록 소명까지 받았다고 하는 아들이 있었다. 부모는 그가 고등학교를 졸업하면 신학 대학에 갈 줄로 기대하였다. 그리고 박력 있는 목회자의 지도하에 이 아들은 영적으로 성장했다.

그 목사에게는 아주 예쁘고 얌전한 딸이 있었는데, 그 딸이 이 학생의 여자 친구였다. 그런데 불행하게도 이 목사가 간음죄를 범하였다. 아버지의 도덕적 타락을 알게 되자 딸의 행동이 변하였다. 그 딸은 성적으로 무례한 행동을 보이더니 어느 날 마침내 이 젊은이를 유혹하였다. 몇 주 만에 그녀는 임신했다는 사실을 알게 되었다.

이 두 젊은이의 삶은 완전히 뒤바뀌었다. 어린 딸의 아버지를 향한 보복심으로 인한 행동은 두 사람의 일생을 파멸로 몰아넣었으며 많은 사람들에게 골치 거리가 되었다.

이러한 모든 것이 모세가 말한 것을 생각나게 한다.

"인자를 천대까지 베풀며 악과 과실과 죄를 용서하리라 그러나 벌을 면제하지는 아니하고 아버지의 악행을 자손 삼사 대까지 보응하리라"(출 34 : 7).

그러나 고통받는 것은 아내와 자녀들뿐만이 아니다.

대부분의 경우 목회자의 성적 타락은 가족, 특히 목회자의 부모와 장인, 장모에게까지 상처를 주기에 충분하다.

대부분의 목회자의 부모들은 아들이 목회자라는 사실에 늘 자부심을 가지고 있다.

한 사람이 범한 죄에 대한 고통의 파장은 이렇게 믿을 수 없을 정도이다. 고통받지 않는 가족이 없을 것이다. 아들의 범죄로 인한 충격으로 세상을 떠나게 된 어느 어머니가 이렇게 말하면서 생을 마쳤다.

"하나님, 나의 아들을 용서하여 주시옵소서."


## 교회가 치러야 할 값비싼 대가

교회가 하나님의 은혜로 나타낼 수 있는 한 가지 현상은, 독재자나 왕이나 박해자들이 몰고 오는 폭풍을 잘 견뎌낼 뿐 아니라 교회 지도자의 죄를 잘 대처해 나가는 것이다.

우리는 21세기를 향해 가고 있고 교회는 아직까지 살아 있으며 세계적으로도 성장하고 있다. 그렇지만 한 교회의 분열 다음으로 교회가 존재하는 데 있어 가장 파괴적인 사건은 목회자의 간음죄로 인하여 공적으로 모욕을 당했을 때이다.

목회자의 간음은 많은 사람들, 즉 제직들은 물론이고 초신자를 비롯해서 믿다가 중도에 타락한 사람 등 많은 사람들로 하여금 교회 자체에 대해 환멸을 느끼게 한다. 뿐만 아니라 이 사건은 지역 사회와 특별히 구원받지 못한 사람들에게, 교회에 대한 평판과 증거에 영향력을 주게 된다.

한 목회자가 자신이 간음죄를 범했다고 고백하게 되면 엄청난 좌절이 뒤따르게 된다. 특별히 간음 행위가 교인과의 관계라면 대부분의 경우는 목회자가 스스로 사임을 하거나 제직회의 결정에 의해 사퇴하게 된다. 가족은 말할 것도 없고 오랜 친구와도 친분이나 관계에도 금이 가게 되고, 믿음이 없는 연약한 성도들에게는 목회자의 잘못된 행위가 넘어지게 하는 요인이 된다.

화평하고 모범적인 교회로 널리 알려진 한 교회가 이런 비극적인 상황으로 인하여 상대방을 폭력으로 위협하는 사태가 벌어진 경우도 있었다. 교회는 기도와 사랑으로 이러한 시련들을 믿고 넘어서야 한다.

그러나 목회자의 부정은 수년 동안 상처를 남기게 된다. 본서 6장

에서, 어떻게 장기적인 목회 사역에 최소한의 상처를 남기고 교회가
이러한 폭풍을 잘 이겨 나갈 수 있는가를 이야기할 것이다.


## 기독교가 치러야 할 비싼 대가


　내가 기억하는 한 목사, 신부, 랍비, 그리고 최근의 TV 설교자들은
모든 사람이 존중하는 계열의 사람들이다. 전도자들이 범죄할 때 그
사건의 소용돌이 속에서도 교회가 존재한다고는 하지만, 그 죄로 인
하여 교회에 많은 해가 되고 상당한 시련이 된다는 것은 의심할 여지
가 없다.

　불신자들은 늘 교회를 웃음거리로 즐기고 있는데, 최근에 연이어
서 일어나고 있는 성적 추문은 기독교인이 아닌 언론인, 기자, 대학
교수들에게 웃음거리를 제공하는 꼴이 되고 있다. 냉소적인 인신 공
격을 마다하지 않고 진행하는 심야 코미디 프로에서도 이 성적 추문
의 이야기는 사라지지 않고 있다. 정부에서도 조사가 시작되었고, 조
사의 소식이 속속들이 매스컴을 통해 알려지고 있다.

　많은 성도들은 염려하는 마음으로 다음과 같은 질문을 하며 하루
하루를 살고 있다.

　"다음에는 어떤 목사님이 타락할 차례일까? "

　기쁜 소식은, 대다수 사람들이 교회는 아담의 후손인 인간에 의해
움직여지고 그들의 부도덕한 행동에 대한 책임은 그리스도인 전체가

아닌 개개인이 져야 한다고 생각하고 있다는 점이다. 그러나 교회 지도자가 타락했을 때 교회의 평판에 좋지 않은 영향력을 준다고 하는 것은 어느 누구도 부인할 수 없다.

목회자의 부도덕한 행위로 인하여 교회가 지불해야 하는 대가로는 재정적 손실이 있다. TV 설교자들의 공신력의 상실로 인하여 텔레비전과 라디오 선교 프로그램의 선교 헌금이 35%이상 줄어들었다고 한다. 어떤 프로그램은 아주 없애 버렸고, 일부 프로그램은 방영 시간을 줄이게 되었다.

제리 팔웰(Jerry Falwell) 목사의 한 시간짜리 방송 설교가 50개 이상 되는 TV 방송망에서 방송을 못하게 되었다. 로버트 슐러(Robert Schuller) 목사는 그의 TV 방송 프로 전체에 심각한 재정적 위기를 겪고 있다고 인정했다.

또한 텔레비전 설교가인 제임스 케네디(James Kennedy) 박사도 같은 어려움을 겪고 있다.

방금 언급한 이런 건전한 텔레비전 설교자들은 어떠한 사소한 도덕적 추문도 일으키지 않은 설교자들이었다.


## 잃어버린 영혼들에게 치러야 할 비싼 대가

워싱턴 DC를 향하는 비행기 안에서 어떤 목사님이 옆 좌석에 앉은 사람과 이야기를 나누고 있었다. 그 사람은 연방 정부 공무원이었다.

목회자는 전도하기 시작했다. 그러자 그 신사는 능청스럽게 웃으며 다음과 같이 말했다.

"혹시 목사님은 신문 보도를 통해 잘 알려진 텔레비전 설교자가 아닙니까?"

그러자 그 목사는 이렇게 말했다.

"저도 텔레비전이나 라디오를 통해 설교를 하기는 합니다만 저의 생활은 도덕적으로 책망받을 것이 없습니다. 저는 저의 설교처럼 살려고 노력하고 있습니다."

그 공무원은 자신을 불가지론자라고 자처하면서 이렇게 질문했다.

"목사님께서 그 타락한 설교자들과 다른 면이 없다는 것을 어떻게 제가 알겠습니까?"

그러고는 더 이상 목사가 말하는 것을 들으려 하지 않았다.

물론 이 이야기가 전체를 대표한다고는 할 수 없겠지만, 주님을 영접하지 않으려고 이유를 찾는 사람들에게 목회자의 성적 부도덕은 내세울 만한 충분한 이유가 된다. 이러한 이유가 심판의 자리에서는 변명의 여지가 되지 않겠지만, 그 이유로 인하여 하나님의 은혜를 거절하기에는 충분할 수 있는 것이다.

최근에 나는, 젊었을 때 좋아했던 어떤 목사님의 도덕적인 타락으로 인하여 하나님의 사랑을 오랫동안 거부해 온 어떤 교인을 상담한 적이 있었다. 이 목회자의 도덕적인 죄가 한 젊은이로 하여금 죄에 빠지게 하는 요인이 되었던 것이다.

목회자가 타락할 때 믿음이 강하지 못한 성도가 갖게 되는 해악을 우리는 인정해야 한다.


## 누가 잃어버린 가능성을 측정할 수 있는가?

한창 부흥하고 있는 어느 교회의 목사가 자신의 앞으로의 사역에 대한 원대한 꿈을 이야기하였다. 정말 믿을 수 없을 정도로 큰 꿈이었다. 하나님께서 그의 꿈을 성취시킨다면 이 목사는 미국에서 가장 큰 교회를 목회할 수 있을 것이다.

그러나 오늘날 그 꿈은 백일몽으로 끝나고 말았다. 그의 성적 범죄가 그 꿈을 악몽으로 바꾸어 버린 것이다. 그가 타락하지만 않았다면 참으로 많은 사람들이 그리스도께 돌아올 수 있었을 것이다. 하나님과 자신의 아내에게 성실했다면 일생 동안 이룰 수 있었던 것을 그릇을 더럽힘으로 인해 더 이상 성취할 수 없게 된 것이다.

우리는 사도 바울의 말을 기억할 필요가 있다.

"이기기를 다투는 자마다 모든 일에 절제하나니 그들은 썩을 승리자의 관을 얻고자 하되 우리는 썩지 아니할 것을 얻고자 하노라 그러므로 나는 달음질하기를 향방 없는 것 같이 아니하고…… 내가 내 몸을 쳐 복종하게 함은 내가 남에게 전파한 후에 자신이 도리어 버림을 당할까 두려워함이로다"(고전 9 : 25-27).

도덕적인 문제로 인하여 자격을 상실한 목회자의 소식이 알려지고 일주일이 채 지나기 전에 또 다른 목사의 도덕적 타락에 대한 소문이들리고 있다. 분명히 그들은 이런 진지한 금언의 목소리에 귀를 기울이지 않고 있는 것이다.

"당신 좋아하실 대로 당신의 삶을 살 수 있지만, 당신의 삶은 오직 한번밖에 없습니다."

# 제 3 장

## 왜 목회자들이
## 성범죄에 빠지는가?

성적인 죄를 범한 대부분의 목회자들의 이런 결과가 그들에게 우연히 생긴 결과라고는 생각할 수 없다.

한때 그들은 하나님께서 다른 영혼들을 위하여 강력하게 사용하신 헌신적이고 경건한 사람들이었다. 그러나 어떤 경우 그들의 그 효과적인 사역은 오히려 그들을 유혹에 빠지기 쉬운 상태에 이르게 한다.

내가 상담했던 타락했던 목회자들의 대부분이 많은 사람들을 주님께 인도하고 하나님의 말씀을 충실하게 전했던 성실한 목회자들이었다. 성범죄에 빠져 삶이 밑바닥으로 떨어지기 전까지, 그들은 문자 그대로 하나님의 사역을 위하여 자신을 전부 불태웠던 하나님의 종이었다.

어떤 목회자가 성범죄에 빠졌을 때 사람들은 분명한 질문을 하게 된다.

"왜, 왜 그 목사가 그런 죄를 범했나?"

우리는 또 이렇게 생각한다.

"목사는 범하려고 하지 않았는데 우발적으로 범했겠지!"

그러나 이 말은 사실이 아니다. 결코 우연히 범죄하는 것이 아니다. 성범죄는 언제나 점진적으로 발생한 단계의 결과이다. 어느 여인과 함께 침대에 오르기 전까지 목회자는 분명히 수차례 자신의 생활 속에서 타락하기 쉬운 결정적인 순간 순간을 이 모양 저 모양으로 타협하다가 마침내 그 죄를 피할 수 없기에까지 이르게 된 것이다.

결정적인 타락은 기회의 결과가 아니라 선택의 결과이다.

다윗의 경우를 살펴보자. 전쟁에 참여해야 할 그 순간에 그는 왕궁에 머물러 있었다. 그는 지붕 위에서 목욕하고 있는 아름다운 여인을 내려다보고 있었다. 당연히 그 자리를 피했어야 했는데도 불구하고, 피하기커녕 계속해서 주시하고 있었다. 그리고 계속해서 목욕하고 있는 여인을 바라본 결과, 정욕에 빠지게 되어 급기야는 그 여인을 부르러 사람을 보내게 되었고, 그 나머지는 비극의 역사이다.

「리더십」 잡지에 의하면 88%라는 대다수의 목회자들이 유혹을 받은 적이 있지만 간음은 하지 않았다고 발표하고 있다.

많은 목회자들이 어떤 순간 정신적으로 타협을 하지만, 그 타협이 더욱 큰 문제로 발전하여 마침내 명백한 성적 범죄에 빠지기 직전 그들은 자신을 통제하였다.

그러면 점진적으로 발생하는 단계를 무엇이며 성범죄에 목회자들을 빠지게 하는 타협 단계는 어떤 것인가? 몇 가지 요인과 태도, 그리고 목회자의 도덕적 생활을 부식시키며 성범죄에 빠지게 하는 가치관을 밝혀낼 수 있다고 생각한다.

## 성범죄에 빠질 수 있는 요인들

성범죄에 빠진 목회자들이 자신들의 취약점을 너무 과소 평가했다고 말하고 있다. 그들은 자신의 삶에 어떤 요인이 미치는 영향력을 전혀 심각하게 생각한 적이 없었다. 그 결과로 그 영향력에 대응하여 자신을 지켜나갈 수 없었던 것이다.

### 성적 매력이라는 영향력

목회자는 그의 목회 시간의 대부분을 여성도들과 보내게 된다. 결혼한 여성, 혼자 된 여성, 행복한 여성, 경건한 여성 등. 그리고 많은 목회자들은 여성들의 목회자에 대한 성적 매력과 영향력에 대해 고지식한 면이 있다.

나는 몇 년 동안 한 가지 비과학적인 이론을 주장해 오고 있다. 모든 사람은 다른 사람에 대하여 감정적, 물리적으로 자력적인 매력

(magnetic attraction)을 가지고 있다는 것이다. 이 사실을 나는 20년 전 나의 저서 ≪결혼 생활을 통하여 어떻게 행복해질 수 있을까≫(*How to be happy Through married*)를 통하여 말한 적이 있다. 그리고 지금 나는 그 어느 때보다도 더 이 사실을 확신하고 있다.

어떤 사람은 다른 사람보다 훨씬 더 매력적인 요소를 갖고 있다. 그것은 단순히 외모로 인한 것이 아니다. 우리는 간혹 아름답거나 잘생긴 사람에게서는 거의 느끼지 못하는 자력적인 매력을 평범한 이성 중에서 느낄 수 있다.

나의 비서 중에 아름다운 여성이 있었다. 그래서 나를 방문했던 목사님들 중에는 나와 그녀의 관계를 농담으로 이야기하는 사람들도 더러 있었다. 그러나 그녀는 한 번도 나에게 이상한 감정을 불러일으키는 여성이 아니었다. 나는 즐겁게 함께 일하였다. 우리는 성적으로 전혀 감정을 느끼지 않았다.

그러나 이런 현상이 모든 여성들에게 다 적용되는 것은 아니다. 어떤 여성에게는 보이지 않는 자력적인 매력을 느끼게 되고, 그런 상황을 피하기 위하여 열심히 노력해야 한다.

목회자는 유혹받기 쉽고 타락하기 좋은 위치에 있다. 목회자는 강단에서부터 시작하여 상담하기 위해 찾아오는 사무실에서도, 은혜롭고 이해심이 있고 지혜로우며 온화한 모습을 보여주고 있다. 바로 이런 모습이 대부분의 여성이 남성에게서 찾고자 하는 모습들이다. 은혜받은 여성들은 그들의 목회자에게 매료되고, 교인들을 향한 목회자의 사랑에 감사하게 된다. 따라서, 목회자들이 조심하지 않는다면 이런 열렬한 사모함이 결국에는 간음으로까지 몰고 가게 되는 것이다.

갓 목회를 시작한 젊은 시절, 이러한 미묘한 면에 대해 도날드 그레이 반하우스 박사의 설교를 들은 적이 있었다. 그는 다음과 같이 말했다. "여성들과의 관계에서 목회자가 도덕적 관계를 지키는 것은 항상 목회자 자신의 책임이다."

반하우스 박사는 여성과 남성이 대할 때 여성이 쉽게 남성을 움직일 수 있도록 되어 있다고 말하고 있다.

여성들은 남성들의 사랑의 행위에 방어적이지만, 목회자들에게는 예외이다. 여성들은 하나님의 사람으로 목회를 존경하고, 목회자가 무엇을 하든 그를 전적으로 믿고 목회자의 월등한 영적 생활을 존중하기 때문에, 도덕적으로 자신을 지나치게 방어하려고 하지 않는다. 하나님의 사람도 남성이라는 사실을 잊는 것이다. 성적 욕망이 고조된 날 상대방이 서로 쉽게 이러한 감정을 느낄 때 두 사람의 결합은 쉽게 이루어지게 된다.

그래서 한 목사는 여성 성도와의 상담을 제한하는 규정을 만들고 쉽게 상담에 응하지 않을 것을 권하고 있다. 그는 한 여성과 세 번 이상 상담을 하지 않고, 세 번 이상 되면 다른 상담자에게 보내고 있다. 그 목사는 또 개인적인 성생활에 대한 상담을 할 때는 직원 중 한 사람이 옆에 앉아 상담하는 모습을 주시할 것을 주장한다.

## 유혹하는 여성의 영향력

목사와 상담을 하거나 함께 일하는 여성들 중에는 목사와의 관계에 순수한 동기를 유지하지 않는 여성들이 있다.

여자 성도 중 2~4%는 그들의 결혼 생활이 행복하지 못하고, 어떤 면에서는 감정적으로나 성 생활에 굶주린 상태에 있는 경우도 있다. 그들은 그들의 목사에 대해 좋지 않은 생각을 하게 된다. 머지않아 그녀의 욕정이 불타기 시작한다. 만일 목사가 그녀의 의식적 또는 무의식적인 의도를 알아차리지 못하면 목사는 쉽게 넘어가고 만다.

나의 친구 목사를 타락시킨 한 여성을 우연히 만났다. 영화 배우 파라 파세트(Farrah Fawcett)와 비슷하게 생긴 그녀는 대단히 화려했다. 그녀는 말하면서 상대방을 늘 만지는 습관이 있었다.

몇 차례 나의 성경공부에 참여한 그녀는 성경공부에 대해 할 얘기가 있다면서 내게 접근했다. 그녀는 적극적이었다. 나의 기분을 새롭게 만들었다. 그러나 나는 성격적으로 그렇게 적극적인 여인에게 매력을 느끼지 못한다는 사실이 그렇게 고마울 수가 없었다. 곧 나는 그녀가 남성 사냥꾼이라는 사실을 알게 되었다. 나의 아내도 이 사실을 알게 되었다.

그 여자는 우리를 저녁 식사에 초대하였다. 우리는 토요일 밤에 몇 군데 전화할 데가 있었고, 나의 아내와 나는 시내에서 몇 가지 볼일도 있었다. 우리는 그녀의 저녁 초대에 응하지 못했으며, 대신 감사함만 전했다.

　불행하게도 나의 친구는 그녀가 감정적으로 너무 격한 여성이란 사실을 파악하지 못했다. 그는 지금 목회를 하지 못하고 있다. 솔직히 말해서 나는, 나 나신은 그녀의 유혹을 방어했지만 친구에게 경고해줄 만큼 지혜롭지는 못했음에 어느 정도 죄책감을 느끼고 있다. 그는 자신을 지키지 못했다.

　그때 이후로 나는 타락한 동료들이 도덕적으로 잘못되었다는 사실을 충고하려는 우정어린 태도를 이따금 취하고 있다. 물론 그들이 동료 목사들을 멀리하려고 하기 때문에 그것이 그렇게 쉬운 일만은 아니었다.

　타락한 목사들은 대개 다음과 같은 생각을 가지고 있다고 해도 무리한 추측이 아닐 것이다.

　"이 여인이 접근하지 않았더라면 유혹하는 여성과 성적 관계는 이루어지지 않았을 것이다."

　이것은 목회자를 변호해 주는 말이 아니라 유혹하는 여성의 영향력을 말해 주고 있다. 여성 교인들의 대부분이 자기 남편을 제외하고는 누구에게도 성적으로 대담하게 행동하지 않는다. 모든 목회자들은 유혹하는 여성들이 적은 숫자라는 사실을 기억해야 한다. 독신자들 가운데 여성이 남성을 찾는 경우가 남성이 여성을 찾는 경우보다 다섯 배나 많다는 전문 조사의 보고가 있다.

## 감정 결합의 영향력

타락한 목회자에서 성적 범죄를 일으키게 하는 욕망은 성적인 요인이 아니라 감정적인 요인이다. 함께 일하거나 상담하거나 하는 관계에서 두 사람 사이에 일어나는 감정적인 결합을 주의하지 않기 때문에 결국에 가서는 특정한 여성과 깊은 관계를 갖게 된다. 간혹 다른 여성에 대한 이러한 감정적인 결합은 또한 자기 아내와의 감정적 결합이 약한 결과라고도 볼 수 있다. 그러나 건전한 결혼 생활을 하는 목회자라도 타협할 수 있고 다른 여성과 감정적으로 결합을 할 수 있다. 일단 목회자가 다른 여인과 감정적으로 일치가 되는 상태에 빠지면 종종 간음에 빠지게 된다.

피터 그레이트너(Peter Kreitler) 는 그의 저서 ≪정사방지≫(*Affair Prevention*)에서 다음과 같이 말하고 있다.

"정사는 단지 성적인 이유에서가 아니라 우리 모두가 요구하는 근본적인 것들, 예를 들면 친근감, 아름다움, 친절, 상호감 같은 욕구를 만족시키기 위하여 시작된다.

이러한 욕구가 결혼 생활에 있어서 근복적으로 만족되지 않을 때, 자신에게 즐거움을 주고 자신을 붙잡아주고, 자신에게 친근감을 주는 사람을 찾으려 한다. 사실 성적인 욕구의 만족이 혼외 정사 관계에 있어서 중요한 일부 요인이기는 하다. 그러나 내가 알고 있는 대부분의 남녀에게는 근본적으로 이러한 욕구들이 더 중요한 것이다."[1]

목회에 실패한 몇 명의 목회자들은 육체적으로 보나 어디로 보나 자신의 아내보다 훨씬 못한 여인과 정사 관계를 가졌다.

이상의 이유에서라도 간음은 자신의 아내와의 연약한 감정 결합 때문인 경우가 많으며, 이것으로 말미암아 목회자들은 강한 감정적 결합을 진전시키려는 여성과 쉽게 범죄하게 되는 것이다.

만일 상담 목회자가 이 사실을 인정한다면, 또한 상담 목회자들은 자신의 아내에게보다 상담하기 위하여 찾아오는 여성들에게 훨씬 많은 시간을 보내고 있음도 인정할 것이다. 실제로 많은 목사들이 이러한 행위가 얼마나 위험한 것인가를 깨닫지 못하면서 몇 명의 여성들과 감정 결합을 진전시키고 있다.

리처드 엑슬리(Richard Exley)는 그의 저서 《부도덕 : 그 위험성》(*Perils of Power : Immorality*)에서 목회 사역의 부도덕성에 대해 다음과 같이 말하고 있다.

> 감정적인 결합은 간음으로 가는 첫 번째 단계이다. 결혼과 개인 생활이 만족스럽지 못한 목회자와 정서적으로 유린당한 여성 사이를 이보다 더 빨리 이러한 결합에 쉽게 빠지도록 하는 것은 아무것도 없다. [2]

종종 아내와의 감정적인 결합의 결핍은 목사 자신에게 그 잘못이 있다. 자신의 태도와 행위로 인하여 자신을 향한 아내의 존경심이 사라질 수 있는 것이다. 이렇게 아내의 남편에 대한 존경심이 상실되면, 가정에서 목회자가 아내의 사랑과 위로를 필요로 할 때 남편을 어루만져주기가 어렵게 된다. 이런 경우에 접해 보라.

영적으로 충만하지 못할 때 그 목회자에게는 위로가 필요하다. 그러나 아무리 경건한 아내일지라도 교회에서 설교한 대로 가정에서 살지 않는 남편을 존경하기란 쉽지 않다. 아내는 교회에서 여성들이 남편을 따르는 것을 보게 되고, 남편은 여성들의 이상형이라도 되려는 듯 마치 성자처럼 행동하는 것을 보게 된다. 그리고 교회에서 여자들은 목회자의 아내에게 이렇게 말한다.

"목사님과 같은 이상적인 크리스천과 결혼해서 얼마나 좋으시겠어요?"

그러나 목회자의 사모는 이렇게 대답하고픈 유혹이 생긴다.

"어느 목사를 말합니까? 집에서의 목사, 아니면 교회에서의 목사?"

이러한 분노심이, 그들이 함께 살고는 있지만 함께 살고 있다는 마음을 빼앗아가게 되며, 그 결과 그들이 가지고 있는 감정적인 결합을 파괴해 버린다. 그리고 바로 이런 때에 목회자는 그 자신에게 관심을 갖고 자신의 가치관에 동조하며 감정적인 욕구를 원하는 여성에게 빠지기 쉽다.

교회 비서와 감정 결합을 지속시켜서 목회와 가정을 파괴시킨 목회자가 있었다. 그 목회자와 비서는 처음부터 타락한 관계는 아니었다. 그러나 이들은 그렇게 가깝게 일해서는 안 되었다. 왜냐하면 쉽게 타락할 수 있었기 때문이다. 그들은 무엇이든지 서로 이야기할 수 있다는 것을 알았을 때 간음이라는 단어는 그들에게 아무런 장애가 되지 않았다.

그녀는 애정도, 부부로서 관심도 별로 보여주지 못한 남자와 결혼했다. 그녀의 결혼 생활은 처음부터 서로 용납하지 않았고, 남편은 그녀를 즐겁게 해준 적이 없었다. 궁극적으로 그때 지독하게 행복하지 못한 사막을 걷고 있던 두 사람은 서로 오아시스를 찾은 격이 되었다.

이것은 열정이 아니었다. 또한 욕정도 아니었다. 이들의 정사는 살아 있는 한 오직 한 사람만을 위해 보존되어야 했던 자연스럽지 못한 감정 결합의 자연스러운 결과였다.


아내와 감정 결합을 잘 이루고 있는 목회자가 유혹에 넘어가 간음죄를 범하고 쓰러진 경우를 나로서는 거의 본 일이 없다.

그러나 이렇게 물을 수도 있을 것이다.

"아내와 감정적 결합이 되어 있지 않은 목회자가 자신이 이러한 감정을 느낄 수 있는 대상을 만났을 때에는 어떻게 해야 하는가?"

그에 대해 나는 이런 대답을 주고 싶다.

"청년의 정욕을 피하라"(딤후 2 : 22).

만일 나의 친구가 그 여비서를 해고하고 일 대 일로 만나는 것을 피했었다면, 그는 하늘나라 건설에 피해를 주지 않고 두 가정을 구할 수 있었을 것이다.

# 도덕적 타락의 요인이 되는 자세

## 자만

성적 타락에 빠졌던 목회자들은 몇 년 동안 조사한 결과, 나는 그들이 간음죄에 빠지도록 그들의 심령을 유혹한 요인을 자만이라고 확신하게 되었다. 목회자의 자만은 강단의 권력에서 나오는 일시적인 양상일 수도 있지만 일평생 주의해야 할 것이다.

하나님께서 어떤 목회자를 능력 있게 쓰실 때 목회자들은 성도들의 변화된 삶을 보게 된다. 그리고 이런 경우, 목회자들은 종종 하나님께서 행하신 역사를 자신의 공로로 돌리려는 유혹을 받게 된다. 많은 사람들이 자신을 위대한 설교자라고 말할 때, 자신의 설교로 인하여 많은 심령이 변화되었다고 할 때 목사는 우쭐거리게 된다.

이런 현상은 위험한 것이고 치명적이다. 목회자도 인간이다. 목회자 역시 칭찬과 위로를 좋아한다. 모든 목회자들이 교인들로부터 들리는 가혹한 판단과 비판의 소리를 보완하려 하고 있다. 그래서 교인들이 목회 잘하는 목사라고 말할 때 그의 자아는 의기 양양해지게 된다.

어떻게 해서든지 목회자는 자신의 삶의 결과에 대하여, 얼마나 하나님의 능력에 전적으로 의지하며 살고 있는지를 한 주간 내내 돌이켜보아야 한다. 목회자들은 일주일의 칠일 동안 이 원칙을 고수할 필요가 있다.

타락한 설교자의 아들이 아버지가 어떻게 성적 타락에 빠지게 되었는가를 묻게 되었다. 그 아버지의 대답은 솔직했다.

"나는 평소 내가 하나님께 무척 특별한 인물이며 따라서 하나님께서는 나에게 어떠한 일로 일어나지 않게 하실 것이라고 생각했다."

자만은 미묘하게 우리가 법을 초월해 살고 있다고 생각하게 만든다. 이것은 고속도로에서 홀로 과속으로 자동차를 운전하는 것과 마찬가지이다. 제한 속도가 시속 100킬러인데 120, 150킬로로 달리면서 이렇게 말한다.

"나는 특별하니까 법을 무시해도 괜찮아."

그러나 경찰에 적발될 때 벌금을 물어야 한다.

오직 하나님의 능력으로 성도들을 감화시키고 죄인들을 회개케 한다는 사실을 망각하는 목회자는 순간적으로 이렇게 생각할지도 모른다.

"나는 하나님께서 쓰시는 특별한 사람이다, 나는 법을 초월해서 살고 있다."

그의 실존의 거짓된 생각의 결과, 그는 자신을 지키지 못하고 살게 되며 자신이 관리할 수 없는 상황에서 공허한 방황을 하게 될 것이다.

자만은 우리의 미래의 꿈을 흐리게 만들고 우리의 바른 판단을 부패하게 만든다. 하나님께서는 목회자들이 신학적인 말씀을 전한다고 해서 도덕적 타협을 그냥 적당히 눈감아 주시지 않는다면 사실을 목회자들은 기억할 필요가 있다. 신학적인 순수함을 요구하시는 그 같은 하나님은 도덕적 순결함도 요구하신다. 하나님께서는 목회자에게

나도 거룩하니 너희도 거룩하라고 말씀하셨다(레 11 : 45). 예외는 없다.

또 다른 교만의 모습은 목회자의 자아이다.

여직원, 여성 상담자, 목사가 인도하는 성경공부반의 여성들, 그 외 교회 밖의 여성들. 이러한 여성들로부터의 관심이 목사의 자아를 자꾸 높이 쌓아 올리게 된다.

이러한 관심이 계속 부추겨지기만 하고 점검해 보지 않는 상태가 되면 결국에는 간음이라는 사건으로까지 몰고 가게 된다. 그의 거룩한 위치는 정서적으로 불안정하거나 영적으로 성숙하지 못한 여자들에 의하여 점점 주가가 올라가고 떠받들어지며, 이 불안정하고 성숙하지 못한 여인은 모든 것을 믿고 있는 이 목사에게 더욱 더 잘 미혹된다. 이렇게 하나님의 사역자는 수세기 동안 계속적으로 전해 내려온 육신적인 모습을 나타내 보이고 있다.

전에 시무하던 교회에 출석하던 한 여성에게서 조사하고 얻은 답변에서, 내가 살고 있는 도시에서 목회하고 있는 목회자들에 대한 많은 것이 드러나게 되었다.

그 여자는 대단히 능력이 있는 여성이었다. 오랫동안 이 도시의 교회협의회 비서로 일해 왔으며, 그 결과 수년 동안 여러 명의 목사들과 접촉하게 되었다.

울면서 그녀는 나에게 고백하기를, 너무 많은 목회자들이 성적 행위에 대한 제안을 먼저 해왔고, 자신은 목회자들에 대한 신뢰감을 상실했다고 하였다. 감정에 북받친 그녀는 덧붙였다. "하나님 앞에서 맹세하지만, 나는 그들에게 내가 음탕한 여자라는 표시를 하거나 그런 모습을 나타내지 않았어요. 그런데 몇 명의 목회자들은 내가 마치 음탕한 여자인 것처럼 취급하고 있어요."

나는 그런 음탕한 목회자들은 극소수라고 말하고, 대부분의 목회자들은 영적인 형제라고 그녀에게 확신시켜 주었다. 그 소수의 목회자들은 여성과 음탕한 행위를 할 필요는 없었던, 단지 감정적으로 좌절된 사람들이었다. 그들은 다시 하나님 앞에 무릎을 꿇고, 그들의 삶과 목회에 있어서 먼저 할 일이 무엇인가 새롭게 찾고, 아내와의 깊은 사랑의 관계를 개선하는 데 더욱 많은 시간을 할애해야 할 필요가 있다(엡 5 : 25).

## 감독 받는 것에 대한 저항

목회자를 도덕적 몰락으로 몰고 가는 두 번째 태도는 감독받기를 싫어한다는 것이다. 강력한 지도자들은 대개가 간섭받기를 원치 않는 독립심이 강한 인물들이다. 권력을 가지면 가질수록 주변 사람들이 자신의 생활에 개입되는 것을 거부하게 된다. 진지하게 하나님을 섬기기를 원하며 목회에 임한 목회자들조차도 권력 중독증에 빠져들게 된다.

이것이 바로 왜 목회자에게 자신을 감독할 사랑하는 친구, 동료 목회자, 가족, 제직들이 필요한가 하는 이유이다.

짐 베커(Jim Bakker) 목사의 몰락에 있어 가장 가슴 아팠던 사람은 피티엘.(P.T.L) 방송에서 텔레비전 카메라 앞에서 일했고 헤러티지 빌리지(Heritage Village)에 있는 교회에서 함께 사역한 목사였을 것이라고 나는 생각한다. 만일 이 나이 많고 경험이 많은 목사가 짐 베커 목사를 사도 바울이 사도 베드로를 대하듯 대했더라면 이야기는 얼마나 달라졌을까?

"게바가 안디옥에 이르렀을때에 책망받을 일이 있기로 내가 그를 대면하여 책망하였노라"(갈 2 : 11).

부패한 영향력을 행사하는 모습이 보였을 때 짐 베커 목사는 책망을 받을 필요가 있었다. 그리고 그때 목사가 그를 책망했더라면 혹이 연로한 목사는 해고될 수도 있었을 것이다. 그러나 그랬더라면 적어도 오늘날 그의 명예와 성실함이 그대로 남아있을 수 있을 것이다. 그리고 어쩌면 짐 베커가 그의 충고를 귀담아들었을지도 모른다.

부패한 힘이 영향력을 행사하는 것은 유명 인사만이 아니다. 작은 교회 목사들도 제직회와 권한 밖에 있는 부교역자들을 목회자 자신이 위기에 처할 정도까지 위협하고 있다. 대부분의 교회에서 제직들은 목회자의 재정적 사항에 대하여 감독하는데, 불행하게도 교회 제직들이 도덕적인 면을 감독하기보다는 재정적 문제를 감독하기가 훨씬 더 쉬운 것이다. 마침내 사태가 심각한 지경에까지 이르러서야 깨닫게 되지만 그때는 이미 늦는 것이다.

본질적으로 이러한 문제는 목회자 자신 스스로가 개입된 문제이다. 목회자는 육신적인 것은 믿을 수 없다는 것을 깨달을 정도로 현명해야 하며, 자신의 육신적인 것조차도 믿을 수 없다는 것을 알 만큼 지혜로워야 한다.

빌 하이벨스(Bill Hybels)는 미국에서 가장 성장이 빠르다는 한 교회의 목사이다. 빌 목사는 감독에 관한 문제에 대하여 그의 성도들과 솔직한 의견을 나누었다. 목사가 교회에서 주차 지역이 아닌 곳에 자동차를 주차하는 것과 같은 사소한 문제를 어떤 제직이 감독하는 것에 대하여 논평하면서 하이벨스 목사는 이렇게 말했다.

　　근래에 저는 매우 곤고한 나날을 보내고 있습니다. 저는 저의 생활을 사랑으로 지켜봐 주시는 장로님, 제직, 이사회, 모든 분에게 특별히 부탁드리고 싶은 것이 있습니다. 저는 죄인입니다. 매일 유혹을 받습니다. 무거운 짐을 지고 가고 있습니다. 그리고 저는 이 사역을 무난히 끝마치고 싶습니다. 만일 여러분께서 제가 목회하는 동안에 늘 사랑으로 지켜봐 주지 않는다면 저는 저의 사역을 무난히 마칠 수가 없을 것입니다. 만일 여러분을 괴롭히는 어떤 문제에 대해 알게 되거나 또 여러분을 당황케 하는 일을 제가 행한다면, 그리고 그런 저를 사랑으로 일깨워 주시지 않는다면, 여러분은 전세계 하나님의 교회를 당황하게 만들었던 또 다른 추문과 모욕적인 행위를 하도록 다른 길을 제시해 주는 것이 됩니다. 아! 우리는 모든 것을 있는 그대로 나타내려고 하지 않고 있습니다. 그리고는 이렇게 말합니다. "여기서는 그런 일이 일어나지 않을 거야."

여러분은 이곳에서 문제가 생기지 않을 것이라고 확신합니다.

오직 극소수의 몇 분만이 교회에서 성도들에게 나눠드리는 재정 보고에 관심을 가지고 있는데, 이 재정 보고서를 자세히 읽으십시오. 그리고 이해가 안 가는 부분에 대하여 질문을 하십시오. 그리고 사랑으로 그 문제에 대하여 대화를 하십시오.

지난 주일 저는 여러분 앞에 서서 성찬식에 참여하지 않는 무관심이 어떠한 것인가에 대해 말씀을 드렸습니다. 여러분께서 여러분의 위치에, 즉 제자리에 있지 않을 때 저는 여러분을 책망하겠습니다. 아마도 여러분은 책망당하는 것을 별로 좋아하지 않으실 것입니다. 죄송합니다.

그리고 제가 제 위치를 갖지 못할 때 여러분께서는 기꺼이 저를 책망하십시오. 물론 저도 책망당하는 것을 좋아하지는 않습니다.

그러나 이것이 좋은 것입니다. 우리는 서로 사랑으로 지켜봐 주어야 합니다. 우리는 모두 죄인입니다. 우리는 늘 유혹을 받고 있습니다. 우리는 무거운 짐을 지고 걸어가고 있습니다. 만일 우리가 서로 올바른 길을 가도록 지켜봐 주지 않는다면 우리는 타락할 것입니다.[3]

교회 제직과 이사회의 감독을 받는 것 이외에 목회자는 또한 자기 아내의 감독도 받아야 한다. 감독받지 않으려고 하는 것과 장래에 실패라는 말은 이퀄(=) 관계에 있다. 이런 이유로 나는 타락한 목회자들에게 자신이 범한 잘못을 아내에게 말할 것을 요구한다. 그러면 대부분의 목회자는 저항하며 이렇게 말할 것이다.

"아내는 아마 저를 죽이려 들 거예요. 그녀는 참지 못해요.", "아내는 이혼하려 들 것입니다.”

물론 잠시 동안은 이런 심정을 갖게 되겠고 또 이러한 위협을 주는 행위는 좀처럼 누그러지지 않을 것이다. 그러나 그녀가 직면하고 있는 문제는 피할 수 없는 문제이므로 그녀는 온전히 그를 도우려고 할 것이다.

대부분의 아내들이 남편의 눈망울을 뚫어지게 바라보면서 자주 이렇게 묻곤 한다.

“여보, 당신 나만 사랑하는 거지? ”, “여보, 나 외에 다른 여자 사랑하고 싶은 맘이 들 때가 있었어요? ”

그렇게 묻곤 하던 아내들이지만, 막상 타락한 목회자가 아내와 대화를 나누고 또 남편의 죄가 공개적으로 알려졌을 때의 아내들의 반응을 보면 거의 놀라지 않고 오히려 종종 이렇게 말한다.

“저도 벌써부터 그 사실을 알고 있었어요.”

결혼이라는 것이 너무 독특하게 친밀한 경험을 갖게 하는 것이기 때문에, 많은 여성들이 남편의 성 생활에서의 성실성이나 자신에게 행하는 마음가짐 등에서 쉽게 알게 된다. 그러면 왜 남편의 이 사실에 좀 빨리 대처하지 않았느냐고 물었을 때 한 목회자의 부인은 다음과 같이 말했다. “마음속 깊숙이 짚이기는 했지만 증거를 찾을 수가 없었어요. 그리고 하나님께서 남편을 놀랍게 사용하시는 것을 보면서 내가 괜한 상상력을 발동하는구나라고 생각했지요.”

주시하고 기도하여 사랑스럽게 대하기를, 남편의 도덕적 타락을 의심하는 모든 목회자의 아내에게 충고하고 싶다.

만일 그 남편이 능란하게 잘 속이는 사람이 아니라면, 그는 일생을 함께하기를 원하고 그의 결혼 선서를 맹세한 아내에게 모든 것을 말하게 될 것이다. 그리고 잘못한 것이 없다면, 그는 아내가 의심할 때 거의 화를 내지 않을 것이다. 만일 유혹에 갈팡질팡하고 있다면, 아내에게 자신의 상태를 솔직히 인정하고 상대방을 문제에서 구해줄 수 있을 것이다.

만일 그가 한창 유혹의 불꽃 속에 타고 있다면, 그는 분명히 감추려고 하는 것이 있을 것이다. 남편이 의심될 때에, 아내는 남편이 화를 낼 것을 각오하고 다른 여자와 관계가 있는지를 알아보아야 한다. 무시할 시간이 없다. 위험한 상태이기 때문이다. 그리하여 목회자의 아내는 자신의 의심이 단순히 자신의 불안정한 심리 때문에 생겨난 것이 아니라는 것을 확신해야 한다.

앞서도 말했다시피, 아내는 계속해서 남편을 주시하고 남편을 위해 기도하고 사랑스럽게 대해 주어야 한다. 비록 결정적인 증거를 가지고 있지 않더라도 의심스러운 여성의 이름을 지명해야 한다. 만일 그때 목회자가 유혹을 받고 있는 중이라면, 그는 구세주로 아내를 받아들이게 되고 자신을 건지려는 아내를 환영하게 될 것이다.

## 분노

어느 큰 교회의 목사가 상담하기 위하여 그의 아내와 함께 나를 찾아왔다. 솔직하게 말해서 나는 놀라지 않을 수 없었다. 왜냐하면 그는 나의 친구였기 때문이다. 비록 같은 교단은 아니었지만 우리는 이 도시에서 함께 몇 가지 일을 한 적이 있었다. 그의 아내는 나에게, 어떻게 그 친구를 억지로 끌고올 수 있었는지 분명하게 설명했다. 그녀는 갈 데까지 가 이제 막다른 상태에까지 이르러 있었다.

"우리의 결혼 생활은 도살장과 같아요. 나는 우리 교인과 세 차례 관계를 가졌어요. 남편도 이 사실을 알아요. 남편이 변하지 않으면 이혼하려고 합니다."

도무지 믿어지지 않는 사실이었다. 그녀는 결코 그런 종류의 여성이 아니었다.

결혼 생활 23년에 세 명의 자녀를 둔 어머니인 그녀는 이상적이고 탁월한 목회자인 자기 남편을 모욕하기 위하여 교회에 출석하고 있는 어떤 남자를 묘하게 유혹했다. 그의 남편이 유능한 목회자요 설교자라는 사실을 인정하면서 그녀는 이렇게 울먹였다.

"그의 문제는 이중 인격이에요. 교회에서 그는 친절하고 사랑이 많고 늘 어려운 사람을 도우려고 해요. 그러나 집에서의 그는 화를 잘 내고 예민하고 적의가 가득한 사람이에요. 그는 사소한 일을 가지고도 자녀들을 혹독하게 야단쳐요. 그래서 21살 난 아들이 하나님과 교회와 내 곁을 떠나버렸어요."

그의 변론은 어떤 것인가?

"나는 교인 수가 증가하고 있어 바쁜 목사입니다. 나는 하루 18시간 이상 일하고 있어요. 나는 목회를 하면서 수많은 좌절의 모습을 대하고 있어요. 집에 와서만큼은 논쟁을 원하지 않아요. 논쟁은 나로 하여금 더욱더 분노하게 만듭니다."

　그것이 문제였다. 그는 분노의 사람이었다. 그래서 가정에서도 그와 같이 행동하였던 것이다. 그는 대단히 분노에 차 있었다. 사실상 교회에서의 일이 아무리 그를 즐겁게 하지 못해도 그는 결코 자신의 적개심을 나타낼 수 없었을 것이다. 매우 이성적이었던 그는 저녁 시간까지 억누르고 참던 억압당한 적의감을 마침내 그의 식구들에게 폭발해 버렸던 것이다. 이것이다. 이것이 바로 결혼 생활과 자녀들을 파괴시키는 가장 큰 방법이다!

　나는 결코 나의 친구를 무시하거나 해서 이 얘기를 하는 것이 아니다. 그는 근본적으로 좋은 사람이다. 헌신적이고 말씀을 전하도록 하나님의 부름을 받은 열심히 일하는 목회자였다.

　그러나 이 경우에서 볼 수 있는 것처럼, 끊임없이 다가오는 문제, 압박감, 성도들의 기대, 자신이 성취해야 할 일들로 인하여 의기 소침한 상태가 오랫동안 지속되다 보면, 마침내 목회자는 분노하는 것이 성령을 슬프게 하는 죄라는 사실을 망각하고는 자신이 사랑했던 사람들을 분노의 돌파구로 이용하게 되고, 아내는 바가지나 긁는 여자로 변하게 되는 것이다.

　놀라운 것은, 그녀는 아직까지 그를 사랑하고 있었으며 남편에게 자신을 사랑해줄 것을 요구하고 있었다. 남편의 분노가 아내로 하여금 남편에 대하여 성적으로 냉정하게 만들었던 것이다.

　목회자의 잘못된 행동으로 인해 그의 아내와 그의 가족에게 미치게 된 결과를 볼 수 있었고, 그는 하나님과 아내 앞에서 회개하였다. 그들은 서로 부둥켜안고 울었다. 그리고 그들이 나의 사무실을 나설 때에는 어느 때보다 깊은 사랑이 그들 사이를 흐르고 있었다.

분노에 찬 많은 목회자들이 역시 축복받지 못하고 있다. 낙심과 좌절과 교회에서 발생하는 분노를 가정으로 가져옴으로써, 그들은 그들이 진정 사랑해야 하는 사람들과의 관계를 산산이 부수어 버리고 만다. 그들은 다른 여성들과 쉽게 감정적 결합을 이루게 된다. 만일 요염한 여성이 상담하기 위하여 사무실에 나타날 경우, 그녀가 어떤 일로 인하여 우울한 상태에 있는지 원인을 알고 동정의 팔을 내민다면, 그는 쉽게 간음을 행할 수가 있다. 그가 이렇게 되는 것은 도덕적으로 방탕아가 아니라 점차적으로 성적 유혹에 쉽게 빠지게 되는 분노에 찬 사람이기 때문이다.

## 목회자의 도덕적 생활을 부패하게 만드는 가치관

현대 사회는 지도자에게 무거운 기대감을 준다. 목회자 역시 예외는 아니다. 목회자들은 복음 사역을 위해 끊임없이 일해야 하며 목표를 성취해야 하고 성공해야 한다는 부담감을 가지고 있다. 이런 것들이 가치 설정에 우선권을 갖게 하므로, 점차적으로 목회자들의 도덕적인 삶이 부패되며 타락하게 된다.

## 성공에 대한 강박 관념

많은 목회자들이 알렉산더 대왕 신드롬(Alexander-the Great syndrome)에 사로잡혀 늘 더 많은 일을 해내려고 찾고 있다. 성공적으로 무엇인가를 얻기 위해 목회자들은 종종 그들의 도덕관을 상실하게도 된다. 대형 교회에 시무하고 특별한 사역을 수행하는 목사들이 매년 성범죄로 인하여 자리에서 물러나고 있다.

코미디언 자니 카슨(Johnny Carson)은 속담을 인용하여 꼬집어 이야기했다. "높이 올라갈수록 내려오기가 힘들어요."

리처드 엑슬리(Richard Exley)는 다음과 같이 서술했다.

수많은 사람들이 자신이 상상했던 것보다 더 많은 것을 성취하였다. 그리고 중년에 그들 사역의 정점에 이르러서 그들은 처절하게도 자신들이 행복하지 못하다는 사실을 발견하게 된다. 이러한 현상은 목회에 있어서 얼마든지 있을 수 있는 일이며, 이 일로 인하여 종종 중년기에 성적 방종이 생기게 된다.

엑슬리는 애즈버리 신학교(Asbury Theological Seminary) 목회학 교수인 데이비드 시맨즈(David Seamands)가 말한 것을 인용하였다.

우리 교단에서 6명의 대학 친구들이 그들의 사역이 한창 성공적으로 무르익어갈 때에 도덕적으로 타락하고 말았다. 그들은 교단에서 높은 위치를 차지하고 있었는데, 둘은 부흥사였고 넷은 목사였다. 네 명의 목사는 서로 다른 지역에서 목회하고 있었는데, 각각 그들이 속해 있는 노회에서 가장 정상을 차지한 교회, 또는 정상을 향해 가는 교회에서 목회하고 있었다. 그들은 목표를 달성했다. 그러나 이때가 그들이 내려가는 순간이었다. 두 명의 부흥사와 네 명의 목회자가 모두 목회를 그만두었다.

대학에 다닐 때 우리는 그들에게 "불굴의 의지를 가진 사나이들"이라는 별명을 지어 주었었다. 그들은 재주가 많은 친구들이었다. 그들은 성공할 것이라고 하나같이 입을 모았다. 그들에게는 목표가 있었다. 그들은 그 목표 때문에 살았다. 그 목표로 인하여 그들은 올바르게 살 수 있었다.

그러나 일단 목표를 달성한 후에 어디로 갈 것인가? 목표를 달성한 후에 무엇을 할 것인가? 명백하게 할 일이 없다는 결론에 다다르게 되었다. 그러고는 성적으로 잘못된 길로 빠지게 되었다. 그러나 나는 종종 왜 그들 6명의 강하고 성공적인 목회자들이 타락했는가 의구심을 갖곤 하였다.

루이스(C. S. Lewis)가 한 "거짓된 말의 달콤한 독소"라는 말이 생각난다. 이 말은 침으로 일리가 있는 말이다. 사람들은 '만일 내가 저 일만 해낼 수 있다면 모든 일이 잘될 텐데'라는 생각을 하는데, 그러나 이것은 거짓된 말이다. 거짓된 목표이다. 이 말은 달콤하다. 그래서 이 말에 취해 정상의 사다리를 오르기 시작한다. 그러나 정상에 오르게 되면 그들은 거기서 머물 수 있는 힘이 없어진다. 그들은 추락하게 된다. 자신을 파괴한다. 파괴하되, 도덕적으로 자신을 파괴하게 된다. 그들은 목회에 중요하게 연관된 여성들과 관계를 맺는다.

여기에서 서술한 내용이 어느 특정 교단에서만 생겼던 유일한 문제는 결코 아니다. 어떤 교단에도 이러한 일은 발생하리라고 생각된다. 매우 놀라울 정도로 성공적이고 이름이 널리 알려진 목회자들이 성적 부도덕에 희생되어 가고 있다. 목회자들이 중년의 나이에, 그것도 한창 성공의 정상에서 이성적 유혹의 덫에 넘어진다는 것은 결코 우연이 아니다. 지금까지 그들은 자신이 꿈꾸어 왔던 것보다 더욱 많은 성취를 이루었다. 그리고 그 성취한 것으로 인하여 좌절감을 느낄 때, 그들은 그 좌절감이 바로 성공했을 때 느끼는 감정이리라고는 생각도 못할 것이다.

만족과 성취감은 어디로 가버렸나? 나의 성취감을 누구와 함께 나눌 것인가? 어쩌면 아내와의 사이가 원만하지 못할지도 모른다. 아이들은 이미 다 성장하여 자신들의 삶을 사는 데 바쁘고 서먹서먹한 관계가 되어 있을 것이다.

만일 목회자가 자신의 목회 자체에 빠져 있다면, 일주일에 80시간 또는 90시간 일만 하는 일 중독자라는 결론을 내려도 무리가 아닐 것이다. 갑자기 이 모든 것에 대해 허탈감을 느끼게 된다. 그러면서 이외의 것은 안중에도 없게 되고 침울한 상태가 된다. 그리고 특별히 중년에 발생하는 성적 타락에 빠지기 쉽게 된다. [4]

그러나 나는 그들과 형편이 비슷한 처지에 있던 목사를 알고 있다. 그들의 타락은 처절한 것이었다. 그들은 내가 알고 있는 몇 명의 목회자들처럼 자만에 빠지기 쉬운 목사들이었다. 사람들의 극찬은 대단히 좋은 것이다. 그러나 주의하지 않으면, 그 극찬을 믿기 시작하고 그 자만으로 인하여 끝내 넘어지게 될 것이다.

## 목표 달성을 위한 추진력

모든 목회자는 그들의 사역에 있어서 달성하고자 하는 목표와 꿈이 있다. 오늘날 수백만 명에게 설교하는 텔레비전 설교자들이나 초대형 목회자들은 실현 불가능한 정도의 높은 목표를 가지고 있다. 비록 하나님께서 많은 사람들 가운데 그들은 사용하신다 할지라도, 그들의 기대는 완전하게 이루어지지 않을 수 있다.

인간은 목표 지향적인 존재이다. 목표를 정함으로써 동기의 최선책을 제시하게 된다. 사도 바울은 우리에게 다음과 같은 말씀으로 도전을 주고 있다.

"그러므로 너희가 그리스도와 함께 다시 살리심을 받았으면 위의 것을 찾으라 거기는 그리스도께서 하나님 우편에 앉아 계시느니라"(골 3 : 1).

"네 보물 있는 그곳에는 네 마음도 있느니라"(마 6 : 21).

목회자의 생각은 교회, 목회 사역, 성경공부, 교인들을 섬기는 일로 가득 차 있다. 그러나 주의하지 않으면 그는 사역의 목표를 너무 높게 세운 결과 교회로 인하여 가족과의 생활을 소홀히 하게 된다.

그리고 마침내 자신이 목표에 도달하지 못하고 있음을 발견하게 될 것이다. 자신에게 남아있는 것이 없다는 것을 느끼게 될 것이다. 인간의 마음은 공허감을 참아내지 못한다. 그리고 그 때, 그렇게 결사적으로 필요한 성취 욕구를 채울 수 있는 다른 분야를 찾고 싶은 유혹이 든다.

다수의 목회자들이 혼외 정사에 빠지는 시기가 이때쯤이 된다. 만일 이때 그들이 성령으로 충만하지 않으면, 그들은 성적 범죄로의 유혹을 무리 없이 받아들이게 된다.

그리고 육체적 또는 개인적인 한계를 인식했을 때 경험하는 위기 의식, 특히 중년에 이런 현상이 우연히라도 생기게 되면, 목회자의 목적을 달성하지 못한 감정은 더욱더 안정될 수 없을 것이다.

목회자의 목회 사역만큼 귀한 일도 없다. 그러나 이런 점에서 어려움이 있는 것이다. 그가 좌절과 실패에 접하게 될 때, 이 모든 축적되어 있던 좋지 못한 증세가 그를 휘어잡게 되고 그의 위기는 시작된다.

## 일, 일, 또 일

목회자의 도덕적 생활을 부패하게 만드는 또 다른 가치관은 사역에 대한 그의 관심이다. 목회자는 다른 어떤 직종의 사람들보다 더욱 도덕적이어야 하며, 이 일은 결코 쉬운 일이 아니다. 결국 최선의 방법 중 하나로 자신의 모든 시간과 정열을 하늘나라의 확장을 위해 소비하고 있는 것이 아니겠는가?

우리 자신이 주님의 사역에 헌신적으로 일해야 한다는 것을 깨닫는 반면에, 바로 이 사역으로 인하여 두 가지 면에서 불균형이 이루어지고 있음을 우리는 미처 깨닫지 못하고 있다. 일 중독과, 그 일로 해서 빠져드는 탈진 상태가 바로 그것이다.

큰 교회 목회자들이나 폭넓게 진행하는 사역의 책임을 맡은 사역자들의 대부분이 일 중독자들이다. 나도 역시 일 중독자였다. 나는 이 사실을 숨기려 하지 않았다. 사실상 일 중독증에 걸려 있는 대부분의 목회자들은 이 사실을 은근히 자랑한다.

어떤 종류의 일도 그 분야에서 일하는 지도자들을 일에 미친 기계 같은 인간으로 몰고가지는 않는다. 그러나 얼마만큼의 노력을 했건, 그 결과에 만족하는 경우는 없는 것이다.

일을 만족스럽게 마치고 집으로 돌아가는 목회자는 거의 없다. 늘 전화해 주어야 할 곳이 있고, 병원 심방, 제직회, 상담, 결정 사항, 프로그램 계획안, 이사회, 강연 약속, 원고 마감, 한 주에 3, 4회 해야 하는 설교 준비 등등. 이중에는 목회의 일부인 장례식과 결혼식이나 예상할 수 없는 사고 같은 것은 포함되어 있지 않다.

많은 목회자들이 사업가형이다. 목회자들은 하나님 나라의 확장을 위해 더욱 폭넓게 사역을 수행하려고 계획한다. 그리고 수행할 수 있는 여러 가지 목표를 탐지한다. 마치 성공적인 사업가가 분점을 설치하듯, 사업가형의 목사들은 여러 개의 봉사 기관을 설치하고 자신의 교회를 사령부로 이용한다. 복음을 전하는 것이 그들의 사명이므로, 자연스럽게 이 사명을 수행할 수 있는 다수의 기관을 설치한다. 방송, 인쇄, 교육, 그리고 교회 밖에서의 계속되는 교회 일…….

목회자들이 게으름을 피우지 않는 한, 그들이 수행하고 있는 일의 양에 대하여 책임을 묻는 경우는 거의 없다. 그러나 만일 어떤 기준에 미치지 못하면 해고 당한다. 사업가적인 본능을 가진 야망에 차 있는 목회자들은 자신에게 할당된 사역에 책임을 진다.

교회가 성장할 경우 제직들은 새로운 계획을 더 세워도 별로 반대하지 않는다. 만일 목사가 사역의 새로운 어떤 사업을 시작하는 데지나칠 정도로 교회 사업 계획을 보완해도 제직회는 거의 이의를 제기하지 않고 이를 승인하게 된다. "목사님, 이 일을 누가 감독합니까?" 이렇게 묻는 사람은 없을 것이라고 생각한다. 모든 사람은 목회자가 감독하리라는 것을 알고 있다. 그러면, 그의 가족과 함께하는 시간, 그의 결혼 생활, 그의 개인 생활 등 이러한 시간을 어디에서 찾을 것인가?

늘어나는 성도들을 관리하는 일은 기독교가 잘 성장하고 있다는 좋은 징조이다. 그러나 이 사역을 이끄는 지도자가 조심하지 않으면, 그들 지도자들은 곧 바삐 짜여진 계획과 일정으로 인하여 아내와 친구와 가족과 함께 보낼 수 있는 시간을 거의 가질 수 없을 것이다.

또, 목회자는 너무 많은 활동에 얽히게 되면 효과적으로 일을 할 수가 없다. 경건한 시간을 갖기가 어렵고, 일과로 인하여 피곤한 상태에 이르게 된다. 그 자신이 아내와 가족에게 소홀했던 것에 죄책감을 느낀다. 그리고 주의하지 않으면 아내와의 감정적인 결합을 상실하고 만다.

일 중독에 빠진 사람은 사려 깊은 일 중독자가 되는 것을 좋아한다. 대가를 얼마를 치르건 자신이 한 일에 대해 좋은 평판을 듣기를 원하는 목회자들은 그 자존심으로 자신들을 쉬지 않고 몰고 간다.

일 중독의 분명한 증세 중 한 가지는 휴식 시간에도 긴장을 풀 수가 없다는 것이다. 모든 사람은 휴식이 필요하다. 목회자에게도 마찬가지이다.

반스 하브너(Vance Havner) 박사는 이렇게 말한 적이 있다. "휴식하지 않으면 정신적으로나 육체적으로 걷잡을 수 없는 상태에 빠지게 된다."

대부분 일 중독에 빠져 있는 목회자들은 종국적으로 탈진 상태에 빠지게 된다. 탈진 상태에서 일어나는 현상은 불안과 실망이다. 한때 그 자신에게 기쁨을 주었던 것들—설교, 성경 연구, 상담, 목회사역, 행정, 이런 모든 것들—이 무거운 짐이 된다. 이런 현상에 접하게 되면 그는 영적으로 패배감을 느끼게 된다. 그리고 만일 그 목회자와 그의 아내가 조심하지 않으면 두 사람의 사랑의 관계를 손상케 할 수 있으며, 그 결과 그들의 성생활에도 영향을 준다.

리처드 엑슬리(Richard Exley)는 이에 대해 다음과 같이 언급하였다.

목회자가 자기 사역의 시간을 연장해 가면서 지나치게 일에 몰두하면 적어도 두 가지 현상이 생긴다.

첫째로, 목회자 자신이 가족과 아내로부터 멀어지게 된다. 목회자 자신이 구심점이 되어야 할 가족과 아내와의 관계가 하찮은 관계로 밀려나게 된다. 여러 가지 일로 바쁜 하루를 보내고 남는 시간에 소일거리나 하는 것으로 생활이 되어 버린다. 그래서는 안 된다. 어떤 시간보다도 더 많은 시간을 결혼 생활과 가정에 할애해야 한다. 결혼 생활이 원만하지 못할 때 성 범죄에 빠지기가 쉽다.

맥도날드(Macdonald) 목사는 사임 후에 어떻게 해서 그의 결혼 생활을 정상적인 관계로 회복시킬 수 있었느냐는 질문을 받은 적이 있는데, 이에 대하여 그는 이렇게 대답했다.

"우리는 함께 사역하는 시간을 가졌습니다. 목회자들에게 일은 끝이 없으며, 따라서 원만한 결혼 생활을 위해서는 함께 사역하는 시간을 갖는다는 것이 무엇보다도 필요하다고 저는 생각합니다."

목회자에게서 볼 수 있는 두 번째 현상은, 목회자는 항상 지쳐 있다는 것이다.

맥도날드 목사는 이렇게 이야기했다.

"저는 영적으로나 육적으로 처절하게 피곤했습니다."

결과적으로 유혹이 그에게 닥쳐왔을 때 그에게는 내적인 힘도 없었고, 그 유혹을 저지시킬 수 있는 근본적인 능력도 없었다. 그는 쓰러졌다. 어떤 악한 욕망에서 범죄했다기보다는 그보다 더 큰 요인인 내적 공허감으로 인하여 범죄하게 되었다고 나는 생각한다.

내가 자신을 지킬 수 있었던 데 대하여 잠시 생각해 보고자 한다. 먼저, 탈진의 원인과 이에 따르는 영적, 감정적 고갈 상태는 내적인 만족감의 결여 때문이다.

경험으로, 나는 내적으로 충만해 있지 않을 때에도 효과적으로 공적 사역을 잘 감당할 수 있었다. 실제로 사역에 지쳐 내가 섬기고 있는 성도들로 인해 못마땅한 상태에서도 나는 놀라울 정도로 능숙하게 사역을 계속

할 수 있었다. 만일 내가 이런 경고를 무시했더라면 심각한 어려움이 다가왔을 것이다. 그러나 일찍이 이런 경고에 관심을 기울이고 내 생활의 균형을 바로잡기에 필요한 조치를 취한 결과, 나는 재 충전된 열심으로 목회에 임할 수 있었다. [5]

이와 같은 때에는 탈진된 상태에 있는 목회자는 하나님과 가족과 특별히 아내와의 소원해진 시간을 위하여 떠날 필요가 있다. 그는 책임감이라는 영원한 독재자로부터, 그리고 주변에서 안겨다 주는 압박감에서 자유로워질 필요가 있다. 불행하게도 이것이 가능하지 못할지도 모른다. 가능하다고 하면 이것을 자랑스럽게 받아들여야 하겠다.

일 중독과 탈진 상태는 한 목회자의 내적 능력을 점차적으로 고갈시키고, 그 결과 도덕적 붕괴를 가져오도록 유도한다. 탈진 상태에서도 오랫동안 사역을 감당하는 많은 목회자들이 유혹의 손길을 뻗치는 여인들과의 흥미진진한 오락거리를 발견하게 된다.

여러분은 그 결과를 상상할 수 있을 것이다. 어떤 타락한 목회자는 너무 과로한 상태에서 너무 많은 일을 벌여놓고는, 자신이 벌여놓은 판에 박은 듯이 계속되는 일에서 자신이 빠져나올 구실을 찾았다. 그에게 간음의 행위는 돌파구였다.

점차 교회들이 이에 대한 책임 의식을 느끼고, 교회에서 제정하는 휴식 기간이 있어야겠다는 것을 깨닫기 시작했다. 현명한 제직들은 일 중독이나 탈진 상태에 빠진 목회자가 균형 있는 생활을 할 수 있도록 도와주려고 한다. 이런 제직들은 목회자가 대학원에 가는 것이나 성지 순례를 하거나 강사로 나가 설교하기보다는 휴식과 여가를 위하여 휴가를 갖기를 바란다. 어떤 계획안을 세우기 전이나 후에, 사업 계획을 넓히든가 또는 특별히 어려운 시기에, 목회자가 휴식과 영적 재충전을 위하여 얼마 동안의 휴가 기간을 갖기를 제직들은 바라고 있다.

나의 개인적인 생각으로는 탈진은 전쟁 후유증과 같다. 군대에서 다루는 것처럼 목회에서도 이와 같이 다루어야 한다.

빌 하이벨스는 '인격 위기'(*The Character Crisis*)라는 그의 메시지에서 감정적, 육체적인 탈진 상태의 영향력에 대하여 다음과 같이 설명하고 있다.

많은 계획을 한꺼번에 진행하는 것보다는 천천히 진행하는 편이 훨씬 무리가 없다는 것을 나의 경우를 통해 말을 하려고 한다.

5년간의 세미나 강사로, 10년간의 목회자로서의 나의 지난 경험을 통해 볼 때, 나는 어느 누구보다도 잘할 수 있고 또 잘하고 있다고 생각했다. 일년에 3백회 이상 설교했고 가르쳐왔다. 나는 참신하고 감동적이고 기지가 넘치고 때로는 웅변적인 자료를 찾기에 끊임없이 노력하였다. 이 모양 저모양으로 설교 자료를 수집하는데 모든 시간을 바치며 전력을 다하였다. 뿐만 아니라 상담, 개인 전도, 교회를 원활히 움직이게 하기 위한 행정적 책임 등, 이 모든 것들로 인하여 나의 하루 일과는 빈틈이 없이 꽉 짜여져 있었다.

그러나 이 모든 것으로 인하여 나는 나 자신을 상실하게 되었고(적당히 보아 넘기거나 합리화시키게 되었다), 가정에서 문제가 서서히 발생하는 것을 보게 되었다. 가정에서의 도움을 구하는 절규는 거룩한 성직을 수행하는 거센 요구에 묻혀 버리고 말았다.

그 절규가 멈췄을 때 나는 그 문제가 해결되었다고 생각했다. 그러나 해결된 것이 아니었다. 나와의 관계의 생명선이 끊어진 상태였다. 나의 아내는 그녀가 나와 가졌던 실제적인 사랑의 관계를 다른 애인과 함께 황홀하게 누리고 있었다. 그녀에게 다른 대상이 생겼음을 알았을 때 나는 모든 희망을 다 잃어버렸다. 이혼 문제가 대두되고 나의 모든 것은 산산 조각이 났다.

7년 동안 나는 설교를 할 수가 없었고 가르칠 수도 없었다. 수천 명에게 전했던 그 목소리가 조용히 사라져 갔고, 하나님의 은혜로 주님께 수백 명의 영혼을 인도했던 그 사역이 끝을 맺었다. 지금도 주님께 대한 나의 헌신은 예전과 조금도 다름이 없다. 주님께 대한 나의 열정에는 한이 없다. 나는 주님께서 나에게 허락하신 은사를 최대한 활용할 것을 결심했다.

그러나 여기에 내가 지적하고 싶은 면이 있다. 사탄이 교묘하게 나의 능력을 무력하게 만들어 버린 것이다. 하나님께서 나에게 주신 은사를 효과적으로 사용하고 주님을 섬기려는 그 열심으로 인하여 나는 모든 것을 경쟁으로 보게 되었고, 목표에 반대되는 현상이 나타났을 때 나는 완전히 녹초가 되어 버렸다.

제발 부탁하고 싶은 것이 있다. 이런 일이 여러분에게는 생기지 않도록 하라는 것이다. 지도자의 위치에서 잠시 떠나 휴식을 취하도록 하라. 혹

누가 당신에게 잠시 위치를 떠나 있다고 날카로운 비판을 가할지라도, 내가 겪은 것처럼 여러분의 목회와 꿈이 박살나지 않도록 결심을 단단히 하라.

이것은 결코 가볍게 넘길 일이 아니다.

"예수님께 대한 나의 헌신에는 조금도 문제가 없다"고들 말하는데, 그러나 이것은 그가 너무 오랫동안 아무 도움도 받지 않고 또 충분한 휴식도 없이 지도자의 위치에 있었다는 말로도 볼 수 있다. 이것은 다시 말하면 그가 어설픈 결정을 내릴 수밖에 없는 육체적으로나 정신적으로 탈진 상태에 이르렀다는 것이며, 정열이 거의 소모된 상태에 이르게 되었다는 것이다. 이렇게 되면 그는 모든 것에 비싼 대가를 치르게 된다.

왜 일부 지도자가 잘못된 결정 사항을 내리고 잘못된 방향으로 몰고가 결론을 내는지를 이제 충분히 이해할 수 있을 것이다.

나는 그들이 반드시 나쁜 사람들이라고는 생각하지 않는다. 그러나 그들은 남의 주의에 귀를 기울였어야 했고, 그들의 삶을 잘 관리하고 휴식을 가져야 했으며, 그렇게 함으로써 영적, 육적으로 탈진 상태에 이르거나 자신의 에너지가 거의 고갈된 상태에 이르지 않도록 했어야 했다. [6]


## 성범죄로 이끄는 극단적인 상황

이 장에서는 극단적인 성범죄로 이끄는 몇 가지 상황에 대하여 언급하려고 한다. 사실 이 이야기는 별로 유쾌한 일이 못 되기 때문에 그냥 넘어갈까도 생각했었다.

여러 해 목회를 하고 상담을 하면서 나는 우리가 기꺼이 인정하는 많은 목회자들이 잘못된 상황 속에서 살고 있다는 것을 알게 되었다. 이제부터 그 잘못된 상황을 서술하려고 한다. 그들은 목회에 임하지 말았어야 했다.

## 자제할 수 없는 음욕

목회 일선에 있는 지도급 인물들이 음욕으로 인하여 심각한 문제를 일으키는 것이나, 또 그러고서는 그렇지 않은 것처럼 사람들을 속이고 위선적인 것을 우리는 결코 좋아하지 않는다. 근본주의(Fundamentalism) 설교자의 아들이었던 어느 목사는 교회에서 파면당하기 전에 20여 명의 여성들과 간음한 사실을 시인했다. 그리고 그는 자기 아내와 이혼하였다.

그의 간음 사실을 처음 알았을 때 나는 그 목회자의 아내에게 이 사실을 이야기해야 했다. 사실 그때까지만 해도 나는 너무 어리고 순진해서 그녀의 반응을 전혀 예측하지 못했다. 그녀는 나의 솔직함과 나의 방법에 감사하기보다는 오히려 나를 거짓말쟁이로, 말썽꾸러기로 몰아세웠다. 그녀의 남편이 세 차례나 이런 과거를 가지고 있다고 반박할 수 없는 증거를 제시해도 그녀는 그 사실을 받아들이기를 거부했다.

그러나 실제로 그는 10여 차례나 이런 과거의 전력을 가지고 있었다. 그가 교회를 떠나고 나의 친구가 그의 후임이 되었다. 2년 후 친구는 나에게 이런 이야기를 털어 놓았다. 그 교회에 출석하는 7명의 기혼녀들이 전임 목사와의 정사 관계 때문에 죄책감을 가지고 상담하기 위하여 찾아왔으며, 아무도 그들이 서로를 모른다고 했다. 그가 말한 7명의 기혼자 중에는 내가 알고 있는 3명이 없었으니, 이로 미루어 결국 다른 7명이 더 있었던 것이다.

그러나 이야기는 여기서 끝나지 않는다. 수년이 지나자 그가 성적 유혹을 했었다고 주장하는 3명의 목회자들의 아내가 나타났고, 그중 2명은 그를 거절했다고 했다. 내가 알기로 그는 25년 뒤에 마지막으로 시무했던 교회에서까지 해고당했다. 왜 해고되었는지 물었을 때 장로들은 그 목사가 2명의 여자 교인과 정사 관계를 가졌다고 했다. 그때 그 목사의 나이는 60세였다.

그런 유의 사람은 우선적으로 목회의 길을 가서는 안 되었다. 나는 목회자들이 행한 그 어떤 잘못이나 또는 도덕적인 죄를 감싸거나 하지 않을 것이다. 만일 폭로하지 않으면 그들은 자신들의 음욕을 만족시키려는 놀이터로 그 목회지를 계속해서 이용할 것이다. 이런 유형의 마수에 걸려든 여자 성도들도 그 목회자의 잘못된 행위를 폭로해야 한다. 그렇지 않으면 그가 가는 곳마다 가정이 파괴되거나 감정적으로 상처를 받는 여성도가 생기게 되고, 그가 가는 곳마다 모든 곳이 황폐하게 될 것이다.

## 춘화 탐닉 증세

목회자가 춘화에 탐닉하게 되면 목회를 파탄에 빠뜨리는 것은 시간 문제이다. 사람들은 나더러 참을성이 없다고들 말하는데, 그런 목회자를 볼 때면 나는 좌절할 수밖에 없기 때문이다. 그들의 춘화 탐닉 증세 때문에, 상당히 능력 있다고 인정받던 몇몇 목사들이 자신을 파괴하고 그리스도의 나라 건설에 비난의 대상이 되고 있다.

나는 참으로 놀라운 재능을 지닌 한 목사를 알고 있다. 만일 목회에 있어서 성공한 목사를 추천하라고 하면 서슴지 않고 이 목사를 추천할 정도였다. 그런데 그가 목회 생활 중 세 차례나 춘화를 보다 적발되었다. 그가 전에 섬기던 교회에서 교회 건물을 헐게 되었는데, 그때 그곳에서 그의 목회 기간의 것으로 추정되는 도색 잡지가 무더기로 발견되기도 했다. 이 얼마나 어이없는 짓인가?

몇 년 전 「리더십」(Leadership)이라는 잡지에 오랫동안 도색 잡지에 탐닉했던 것을 솔직하게 인정한 어느 목사의 감동적인 이야기가 실린 적이 있었다. 회개한 후에 이런 상황에서 빠져나오기 위해 그가 취했던 첫 번째 조치는, 그의 이 같은 어려움을 함께 나눌 수 있는 누군가에게 자신의 범죄한 심정을 털어놓은 것이었다고 했다. 그는 자신이 존경하는 목회자 가운데 한 분에게 이 사실을 이야기했다고 하면서 그때 그가 받았던 믿어지지 않는 반응을 술회하였다.

정확하게 3일 후, 나는 친한 친구와 저녁 시간을 함께 갖게 되었다. 그 친구는 남부 지역에서 상당히 큰 교회에서 목회하고 있는 목회자였다. 나의 이런 음란했던 생활에 대하여 지금까지 어느 누구에게도 이야기한 적이 없었다. 그러나 고백하지 않으면 안 될 정도로 나의 탐닉 증세는 심각했다.

그는 심각하게 동정어린 표정으로 아무 말 없이 내 이야기를 듣고 있었다. 나는 나를 가장 최악의 상태로 유도했던 얘기들은 대충 건너 뛰고 몇몇 경우에 대해 상세히 말하면서, 그에게 나의 두려움이 어떤 것이었나 하는 이야기를 자세히 나누었다. 그는 나의 이야기가 끝난 후 오랫동안 슬픈 눈으로 가만히 앉아 있었다. 우리는 비워진 잔에 다시 커피를 채웠다. 커피잔에서 나오는 수증기가 멈추고 잔은 서서히 식어 갔다.

나는 그에게서 치료의 말이나 무슨 위로나 조언을 기다렸다. 나는 그 순간 나의 고해성사를 받아 줄 성직자가 필요했다. "너의 죄가 사해졌다"라고 말할 수 있는 사람 말이다. 그러나 나의 친구는 나의 죄가 사해졌다고 말해줄 수 있는 성직자가 아니었다.

그는 내가 상상도 못했던 행동을 하고 있었다. 처음에는 그의 입술이 떨렸다. 곧 이어 그의 안면 근육이 일그러지기 시작했고, 점차 흐느끼기 시작하더니 마지막에는 통곡으로 변했다. 그 같은 모습은 오직 장례식에서나 볼 수 있는 광경이었다. 잠시 후 그가 진정을 하고 났을 때 나는 그가 왜 울었는지를 알게 되었다. 나의 친구는 나를 위해 운 것이 아니었다. 그는 자신 때문에 운 것이었다. 그는 나에게 오히려 자신의 음란했던 생활을 이야기했다. 그는 내가 처해 있던 상황보다 더한 상황을 헤매고 있었던 것이다.

그는 자초지종을 이야기했다. 5년 전으로 이야기는 거슬러 올라갔다. 자세하게 물어보지도 않았는데도 자신의 이야기를 아주 자세히 설명했는데, 그의 음란한 행위는 실로 엄청난 것이었다. 성욕 만족을 위해 몸을 묶는 행위, 매음, 양성성교(bi-sexualism), 질탕한 향연 등. 그는 또 조끼 안쪽에서 무슨 종이쪽지를 꺼냈는데, 성병과 항문 감염(anal infections)의 치료 처방전이었다. 아무도 그를 모르는 곳에서 그 약을 사기 위하여 여행할 때면 항상 그 처방전을 가지고 다닌다고 했다.

나는 그의 지옥 같은 생활에 대해 상세히 알게 되었다. 나로서는 그의 이야기가 전혀 다른 세계의 이야기였다. 그는 자살까지 생각하고 있었다. 언젠가 변태 성욕에 대한 기사를 읽은 적이 있었는데, 그는 변태 성욕자였다. 그는 이혼을 하고 말았다.

나는 이 친구에 대해 심판자 입장에서 이야기할 수가 없었다. 왜냐하면 나도 내게 임했던 정욕과 육체적인 음란한 욕망을 위해 살았더라면 그와 똑같은 상황에 도달했었을 텐데 단지 나의 친구가 먼저 그 상황에 도달했던 것뿐이기 때문이었다. 예수께서는 산상수훈에서 음란, 간음, 미움과 살인을 다루셨다. 예수께서는 미움과 음란, 간음과 살인의 죄가 가벼운 것이 아니라는 장엄한 말씀을 주셨다. 바로 친구와 내게 해당하는 말씀이었다.

그를 알고 있는 어느 누구보다도 나는 그를 잘 알고 있다고 생각한다. 그는 통찰력, 동정심, 사랑 등 모든 것이 나보다 훨씬 성숙해 있었다. 나의 설교를 그의 설교와 비교해 보면 아직 미숙한 상태를 벗어나지 못한 상태였다. 분명히 내가 만나본 사람들 중에서 그는 경건한 사람이었다. 그러나 이 모든 것 밑에는…….

나의 내부 깊숙한 곳에서부터 제어할 수 없을 정도로 공포심이 끓어오르기 시작했다. 나는 악의 세력을 알게 되었다. 몇 주일을 나는 우울하고 무서운 감정에 짓눌린 채 지내게 되었다. 만일 이 보이지 않는 선을 건널 수만 있다면, 그래서 나의 영혼이 영원히 착색이 될 수만 있다면…….

나의 친구처럼 나도 나의 몸과 영혼을 조직적으로 파괴하기 위한 용서할 수 없는 행진을 행할 수 있을까? 그는 교회에서 자신이 다른 사람의 중보를 위한 용서와 구원의 기도를 한 것처럼 자신을 위해 소리쳐 기도하고 있다. 그러나 그는 아직도 지옥의 심연 속에 빠져 있다. 벌써 변호사는 그의 집과 재산과 자녀를 전부 법적으로 처리했다. 그에게 도피처는 없는가? 그리고 나에게도 도피처는 없는가? [7]

우울한 소식이 지나간 후에 기쁜 소식이 따르기 마련이다. 이 글을 쓴 이는 춘화 탐닉 증세를 고치고 승리의 생활을 할 수 있게 되었다. 친구의 무서운 죄악과 처참한 파멸은 그의 아내에게 자신의 문제점을 고백할 수 있도록 자극을 주었다. 그리고 그의 아내는 하나님의 사랑으로 그를 적극적으로 도와주었다.

승리한 지 5년 후에 그는 '내적 전쟁은 계속되고 있다'(The War Within Continues)라는 그의 목회 현장의 근황을 쓴 글을 자신의 신분을 밝히지 않고 기고하였다. 그가 승리할 수 있었던 비결은 그와 짐을 나눌 수 있는 사람에게 자신을 열어놓은 것이었다고 말했다.

그는 죄로부터 자유를 얻게 된 몇 사람 중 한사람이 되었다. 춘화 탐닉 증세에서 승리를 얻는 경우는 매우 드물다. 그리고 희생자들을 보면 대부분이 아내에게 혹은 남편에게, 가장 가까운 사람에게, 짐을 함께 나눌 수 있는 가장 친한 어느 누구에게도 이 사실을 말하기를 좋아하지 않는 사람들이다.

## 동성연애

나의 친구 목사 중 한 사람이 에이즈(AIDS)로 죽었다. 신문은 그가 수혈로 인하여 에이즈에 걸렸다고 보도하였지만, 그의 친구중에 그 기사를 믿으려는 사람은 거의 없었다. 많은 동성 연애자들처럼 그는 교묘히 그 사실을 숨겼다. 어떤 군인과 동성 연애를 하기 위해 성 행위를 하려 했다가 공적으로 지탄을 받은 적도 있었다. 거짓말을 하는 사람은 눈을 바로 뜨지 못한다고들 하는데, 그는 나의 눈을 똑바로 직시하면서도 그 사실을 끝까지 부인했다. 그는 여러 해 동안 기독교 사회의 많은 사람들을 기만했다. 그러나 그가 동성연애자라는 것은 공공연한 사실이었다.

그런 종류의 사람들은 자신의 죄에 대해 깊이 생각하고 전문가의 도움을 구해야 한다. 그는 자신의 책임이 얼마나 막중한가를 바로 알고 난 다음에 목회의 길에 들어섰어야 했다. 정욕에 못 이긴 사람처럼, 그는 자신의 문제를 직접 마주 대하고 주변 친구들의 도움을 구하는 것을 거절하고, 자신의 범죄를 숨기려고 했다.

실제적으로 이 문란한 성 행위로 고통받고 있는 사람들은 그들의 성 도착 행위에 대해 회개하고, 그리고 그 모든 동성 성 행위 자체를 청산하고 오랜 근신 기간을 가지며, 자신의 모든 행위에 대해 책임을 느끼고 순응하는 자세가 된 후에야 비로소 목회 사역을 생각해 볼 수 있을 것이다.

## 결론

많은 목회자들이 성적 유혹을 받게 될 것이다. 그러므로 몇 가지 사항으로부터 자신을 지켜나가지 않는다면 쉽게 유혹에 빠질 것이다. 만일 쉽게 타락하기 쉬운 목회자가 합당치 못한 성적 환각에 자신의 심령을 열어 놓으면, 통제할 수 있는 자신의 방파제가 무너질 때까지 음욕은 점차적으로 증가할 것이다. 주님께서는 다음과 같이 말씀하셨다.

"욕심이 잉태한즉 죄를 낳고 죄가 장성한즉 사망을 낳느니라"(약 1 : 15).

이 말씀은 합당치 못한 성적 충동을 이길 수 있게 하기에 예수님의 능력이 충분하지 못하다는 말씀이 아니다. 그만큼 남성에게 있어 성적 충동은 대단히 강력한 것이다. 목회자들은 이러한 쉽게 타락하게 할 모든 요인들로부터 자신들의 삶을 끊임없이 지켜 나가야 한다. 그리고 주위 사람들은 사랑의 관심을 보임으로써, 그들의 삶을 견고히 잘 지켜나갈 수 있도록 도와야 한다.

# 제 4 장

## 목회자가 타락하는
## 진정한 이유

앞 장에서 서술한 모든 요인들이 목회자가 타락하는 원인이 되기는 하지만, 그 어느 것도 타락의 결정적인 요인은 아니다. 결정적인 요인은 죄이다. 평범하고 오래된 죄이다.

우리는 교만, 정열적인 여성, 냉담한 아내 등 여러 가지 탓으로 돌리는데, 만일 정직하다면 그 타락은 자신이 원했기 때문이라는 사실을 인정할 것이다. 어느 누구도 자신의 아내 외의 다른 여성과 잠자리를 함께하라고 강요하지 않는다. 사실을 바로 알자. 남성이 강간을 당하는가? 남성은 언제나 협조자이다.

대부분의 타락이 한 번의 성적 경험으로 끝나는 것이 아니라 그 관계가 몇 달 아니 수년 동안 지속된다. 자신을 통제하지 못하고 한 번의 성 관계를 가진 것에 대해서는 타락한 목회자들은 거의 죄책감을 느끼지 않는다. 이미 앞에서 보아서 알 수 있듯이, 목회자의 타락은 자신의 아내가 아닌 다른 여성과 깊은 감정적 결합이 이루어져 오랫동안 사귀어 온 결과이다. 목회자의 아내의 위치에 다른 여성이 감정적으로 자리잡게 되면, 육체적으로도 그 여성이 목회자의 아내의 자리에 들어가 자리잡는 것은 시간 문제이다.


## "죄악 중의 죄악"에 대해 어떤 일이
## 일어나고 있는가?

현대 사회의 개방으로 말미암아 이제 간음은 더 이상 죄로 생각되지 않고 있다. 근래에 하버드 대학에서 인간의 성에 대하여 연구한 결과에 의하면 결혼한 남자의 50퍼센트 그리고 결혼한 여자의 40퍼센트가 혼외 정사 경험이 있다고 보고했다.[1]

그러나 교회는 세상의 기준으로 도덕의 기준을 설정하지 않는다. 성경은 변함이 없다–간음은 여전히 죄이고 잘못된 것이다. 지금은 고인이 된 윌버 스미스(Wilbur Smith) 목사는 간음죄를 가리켜 "죄악 중의 죄악"이라고까지 하였는데 오늘날 많은 사람들이 이 죄에 대하여 무감각하다.

**하나님의 사랑이 하나님의 심판으로 대치된다.**

지난 수십 년 동안 많은 교회들이 하나님의 심판을 잃어버리고 하나님의 사랑만 강조해 왔다. 금세기에 들어 지난 50년 동안 근본주의 율법적인 강조에 대한 반작용으로 중도에 믿다가 타락한 사람들을 위하여 크리스천들은 하나님의 사랑을 강조할 필요를 느꼈다. 빌 브라이트(Bill Bright) 박사의 표현을 빌리자면 다음과 같다.

"하나님은 당신을 사랑하십니다. 그리고 하나님께서는 당신의 생애에 놀라운 계획을 가지고 계십니다."

이 원칙은 사실이다. 그러나 우리는 하나님께서는 공의로우신 분이시라는 사실을 간과해서는 안 된다. 하나님께서는 우리가 의로운 삶을 살도록 위임하셨다. 목사의 간음죄가 폭로된 후에 그 목사를 사랑했던 성도들은 이렇게 탄원할 수도 있을 것이다. "우리가 그를 용서하고 다시 강단에 서게 할 수 있지 않겠어요?" – 마치 도덕적인 율법을 어기지 않은 것처럼.

우리는 죄에 대해 우리 자신을 무방비 상태로 내버려 두어서는 안 된다. 하나님은 죄를 미워하신다. 그러므로 우리도 죄를 미워해야 한다. 하나님의 성회 총회장인 레이몬드 칼슨( Raymond Carlson) 박사는 지미 스와갓(Jimmy Swaggart)이라는 목사가 범죄하자 그를 1년간 강단에서 사역하지 못하게 하였는데, 그러자 그 목사를 사랑했던 많은 사람들로부터 교단의 처사가 너무 심하다고 말하는 많은 편지를 받았으며 그 내용은 이렇다.

"신약성경에서 용서를 가르치고 있지 않은가?"

"하나님께서 그의 죄를 용서하신다는데 왜 우리가 용서하지 못하는가?"

이것은 정말 좋은 질문이다. 그리고 그에 대한 적절한 답변이 있다. 회복(restoration)과 대조적으로 용서(forgiveness)는 범죄한 사람이 진실로 회개하는 그 순간 즉각적으로 일어난다. 반면에 회복은 시간을 요하게 된다. 그가 자신의 생활을 다시 회복하고 그리고 타락한 그 사람에 대해 다른 사람들이 보여주는 신뢰감의 회복에는 시간이 걸리게 되는 것이다.

간음죄를 범한 자들이나 성 범죄자들은, 요한1서 1 : 7-9에서 분명히 약속하신 것처럼 그들이 예수님의 이름으로 회개하면 즉시 용서함을 받을 수 있다. 그러나 이것은 도덕적으로 신뢰받지 못하는 타락한 지도자를 도덕적, 영적 지도자의 위치로 다시 회복시키도록 허락한다는 말씀이 아니다. 그는 아내에게, 지역 사회에, 교회에 그리고 주님께 다시 한 번 자신의 위치를 재확인 해야 한다.

우리의 주님은 심판의 근본적인 원칙을 말씀하셨다.

"알지 못하고 맞을 일을 행한 종은 적게 맞으리라 무릇 많이 받은 자에게는 많이 요구할 것이요 많이 맡은 자에게는 많이 달라 할 것이니라"(눅 12 : 48).

**성적 범죄는 다른 어떤 죄보다 크다.**

성경은 성적 신실함을 매우 중요시하고 있다. 그리고 성적 범죄에 대한 처벌 역시 마찬가지이다.

성경을 통해서 볼 때 살인과 주의 이름을 모독하는 행위를 제외하고 다른 어떤 죄보다 성 범죄에 대해 더욱 가혹한 처벌을 요구하고 있는 것을 알 수 있는데, 거기에는 세 가지 분명한 이유가 있다.

첫째, 하나님께서는 인류에게 신성한 은사로 주신 성 행위를 출산에 필요한 거룩한 기능으로 사용하도록 제정하셨다. 오직 하나님께서만 생명을 창조하실 수 있다. 하나님의 축복으로 남편과 아내는 성적으로 서로의 사랑을 표현할 수 있게 되었다. 그리고 그 사랑을 표현하는 과정에서 또 다음 세대에 이 은사를 전할 수 있는 능력과 자유로운 의지를 갖춘 영원한 영혼을 가진 또 다른 인간이 창조된다. 그런데 이 신성한 은사를 함부로 사용하여, 창조해서는 안 될 생명을 만들고 있는 것이다.

한 번 이상 혼외 정사를 가진 목회자들에게 그들의 죄를 성경적으로 치리하면 그들은 같은 죄를 다시 반복해서 범하지는 않을 것이다. 어떤 크리스천 상담원은 한 범죄한 목회자에게 당신은 누구 누구에게 범죄한 것이라면서 그의 죄를 나무랐는데, 그때 그 목회자의 아내는 포함시키지 않는 실수를 범했다. 물론 그때 그 목사는 회개했다. 그러나 징계가 너무 가벼웠고, 그 결과 그는 몇 년 후 다시 죄를 범하게 됐다. 그 목사는 그 경우에 대단히 불행했다. 그 상담원은 목회자더러 그의 아내에게 죄를 범했다는 사실을 고백하라고 강요하지 않았는데 그 점이 그의 실수였다. 그는 아내에게 죄를 고백했어야 했다. 아내에게 죄를 고백해야 하는 이유는 (1) 그가 죄의 심각성에 대해 더욱 직접적으로 느끼게 되고 (2) 아내가 앞으로 그를 감독할 수 있고 (3) 곤란한 대면으로 인하여 둘 사이에 있을지 모르는 성적 결함을 해결하도록 자극을 줄 수 있기 때문이다.

둘째, 성적 범죄는 사탄의 중요한 목표물이 되어 왔기 때문에 더욱더 다른 죄보다 심각하다. 세상의 거짓 종교의 대부분이 종교 의식의 일부로 하나님의 법을 어기는 성적 범죄를 행하고 있다. 이러한 성적인 예식은 아무리 종교라는 이름으로 자행된다 하더라도 질병, 전염병, 죽음으로 몰고 가며, 결국 몇몇 국가는 사멸되어 버리고 말았다.

많은 성경학자들은 하나님께서 가나안족을 완전히 멸하시라는 명령에 대하여, 성병이 가나안 전국에 번졌기 때문에 그 땅을 차지할 이스라엘 백성을 그 성병에서 구하기 위하여 그런 엄격한 조치를 내리신 것이라고 믿고 있다.

셋째 이유로는 구약성경의 기록이다. 구약성경을 보면 사람들이 범하는, 돌에 맞아 죽을 수밖에 없는 6가지 치명적인 죄가 기록되어 있다. 그 죄 중에 2가지가 성적인 죄이다. 바로 음란과 동성연애가 그것이다. 성경 어느 곳을 보아도 하나님께서는 거짓말한 자나 휴전 협정을 어긴 자에게 죽음을 요구하지 않으셨다. 그러나 자신의 배우자가 아닌 남의 배우자와 성적인 범죄를 맺은 자들에게는 사형을 요구하셨다.

오늘날 이성주의자들은 이와 같은 극심한 조치가 비인간적인 것이라고 거부 반응을 보이고 있는데, 그들은 성범죄자를 처단할 것을 거절하는 성적으로 개방된 사회를 만들고 있는 것이며, 더욱더 인간의 고통을 야기하고 있다.

이렇게 하나님의 정절의 법을 지키지 않은 결과, 오늘날 에이즈 질병이 감염 안 된 곳이 없다. 미국 정부 당국은 에이즈가 여러 명의 동성 연애자와 함께 성적 관계를 나눈 캐나다 항공사 승무원에 의해 미국에 전염되었다고 추측하고 있다. 그리고 오늘날 죄 없는 많은 사람들이 에이즈로 오염된 피를 수혈받다가 죽게 되었다.

세속적인 인본주의자들로 말미암아 성적 개방은 계속 주창되고 있으며, 이러한 결과로 에이즈는 감염이 되었고 수많은 무고한 사람들이 희생되었다. 성범죄는 오늘날 우리가 생각하고 있는 것보다 훨씬 더 심각하다. 그리고 더욱 심각한 이유 중 하나는, 그들을 책망하는 데 있어서 교회들이 침묵을 지키고 있다는 것이다.


## 간음은 영적인 문제이다

간음은 특히 목회자들에게 있어서는 무엇보다도 영적인 문제이다.

혹시 내가 이렇게 단순하게 선언을 한다고 해서 비판을 받을 수도 있다. 그러나 그럼에도 불구하고 이것은 사실이다.

하나님께서는 약속하셨다.

"사람이 감당할 시험 밖에는 너희가 당한 것이 없나니 오직 하나님은 미쁘사 너희가 감당하지 못할 시험 당함을 허락하지 아니하시고 시험 당할 즈음에 또한 피할 길을 내사 너희로 능히 감당하게 하시느니라"(고전 10 : 13).

결과적으로 하나님께서 타락한 목회자를 버리시든가, 목회자가 그의 눈을 빤히 뜬 채로 죄에 먹히든가 둘 중 하나이다. 하나님께서 잘못되신 것이 아니기 때문에, 우리는 정욕에서 자신을 멀리해야 하고 그 유혹을 빨리 처리해야 한다. 만일 유혹이란 것을 깨닫게 되면 주께서는 그 성적 유혹으로부터 피할 수 있는 방법도 알게 해주실 것이다.

죄는 우리 심령에서 움트기 시작하여 감정으로 나타나고 그 결과 행동으로 나타나기 시작한다. 그리고 마음의 안전 장치는 영(the spirit)이다. 성경은 다음과 같이 말씀하고 있다.

"죄가 너희를 주장하지 못하리니"(롬 6 : 14).

우리의 영은 우리의 마음을 보호한다. 영이 우리의 마음을 주장하기를 우리가 원한다면 말이다.


다음 도표1은 우리의 자원을 활용하는 데 도움이 되도록 우리 자신을 이해하도록 나에게 허락하신 가장 잘 만들어진 개요 중 하나이다. 이 도표는 그리스도의 말씀에 바탕을 둔 것이다.

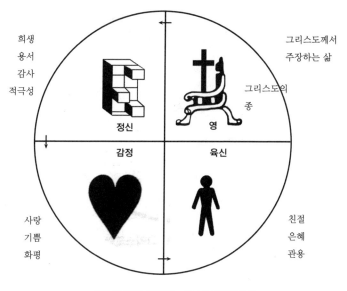

희생
용서
감사
적극성

그리스도께서
주장하는 삶

그리스도의
종

정신

영

감정

육신

사랑
기쁨
화평

친절
은혜
관용

그리스도께서 주장하는 그리스도인(도표 1)

"대답하여 이르되 네 **마음**을 다하며 **목숨**을 다하며 **힘**을 다하며 뜻을 다하여 주 너의 하나님을 사랑하고 또한 네 이웃을 네 자신 같이 사랑하라 하였나이다"(눅 10 : 27).

"모든 지킬 만한 것 중에 더욱 네 마음을 지키라 생명의 근원이 이에서 남이니라"(잠 4 : 23).

"대저 그 마음의 생각이 어떠하면 그 위인도 그러한즉 그가 네게 먹고 마시라 할지라도 그의 마음은 너와 함께 하지 아니함이라"(잠 23 : 7).

"모든 이론을 무너뜨리며 하나님 아는 것을 대적하여 높아진 것을 다 무너뜨리고 모든 생각을 사로잡아 그리스도에게 복종하게 하니"(고후 10 : 5).

인간은 정신, 감정, 영혼, 그리고 육신의 4가지 모습을 가지고 있다. 그리고 이 모든 것은 하나님을 사랑하도록 되어 있다. 그러나 우리가 하나님을 사랑해야 하는 그 사랑이 다른 사람이나 다른 대상으로 향할 때 문제가 생긴다. 나의 의지는 나의 영혼의 소재(所在)이며, 내가 믿음으로 예수 그리스도를 받아들일 때 내주하시기 위하여 하나님의 영이 찾아오신다.

구원이란 나의 생명의 주이신 그리스도께 나의 의지를 실제적으로 복종하는 행위이다. 내가 그리스도께 나의 행위를 복종시킬 때 나는 나의 감정을 통제할 수 있게 된다. 그리고 이렇게 될 때 이 나의 감정은, 육체의 활동과 생명을 산출하는 것과 같이 나의 생의 원동력이 된다.

도표 2는 사랑으로 결합한 부부를 나타내고 있다. 이 결합이 가장

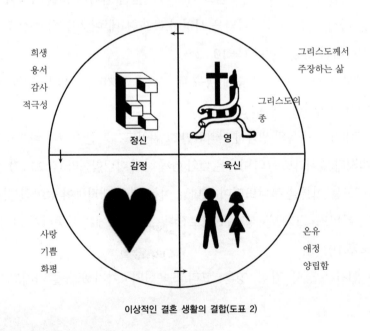

**이상적인 결혼 생활의 결합**(도표 2)

이상적인 결합이다. 이 부부는 영적으로, 정신적으로, 감정적으로, 육체적으로 잘 조화를 이루고 있다.

오늘날 무엇이 부부의 정신적 결합을 파괴해 가고 있는가? 아마도 젊은 아내는 어린 자녀로 인하여 몹시 힘이 들 것이고 남편은 교회 활동으로 분주한 시간을 보낼 것이다. 또 여성들은 폐경기를 맞게 될 것이고, 남성들은 중년기를 경험하게 될 것이며 다른 여성과 정신적으로 일치되는 점을 계속 증진시킬 것이다. 만일 남편과 이 다른 여성이 함께 일하는 현장에 있다면, 그는 아내와 함께 즐기는 시간보다 더 많은 시간을 다른 여성과 함께 그 공감하는 분야를 계속해서 발전시켜 나가게 될 수도 있다. 만일 이러한 생각들을 그리스도 안에 복

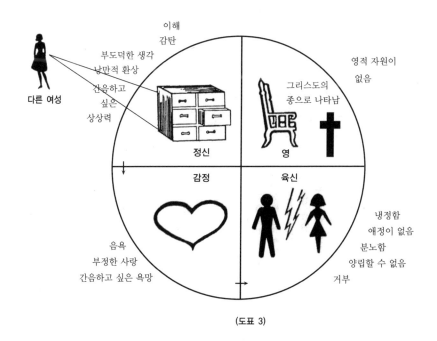

(도표 3)

종시키지 않으면, 머지않아 그는 자신의 감정에 불을 지르는 낭만적인 생각을 즐기게 될 것이다.

이러한 낭만적인 생각이 자신의 아내를 위하여 보존되지 않는다면, 도표 3에서 보여주는 것처럼 이러한 생각으로 인하여 영적인 면에서 고통을 느낄 것이다.

분명한 것은 이 목회자의 죄가 다른 여성과 함께 잠자리를 하는 행위에서 시작된 것이 아니라는 것이다. 죄는 그녀에 대한 생각에서부터 시작되었다. 하나님의 말씀에 따른다면 그의 아내를 담아 두어야할 생각에 다른 여자를 담아 버린 것이다.

목회자가 그와 함께 일하는 여성들의 인품이나 자질에 대하여 몰라야 할 필요는 없다. 다만 그녀들을 사랑하는 생각을 해서는 안 되는 것이다. 내가 어떤 대상을 사랑할 때, 내가 그것을 소유할 수 없고 내게 지불할 능력이 없을 경우 그 사랑은 욕심이 되는 것이다. 우리가 차를 사려 할 때 어떤 자동차를 보고 좋다고 인정은 하지만 그 차를 살 만큼은 안 될 경우 그 차에 크게 미련을 두지 않고 다른 적당한 가격의 차를 고르게 된다. 이와 마찬가지로, 자신의 아내가 아닌 다른 여성에 대해 감탄할 수 있고 좋다고 인정을 할 수는 있지만, 그녀는 자신의 아내가 아니기 때문에 그녀를 사랑해서는 안 된다.

어느 누구도 마음과 뜻과 힘을 다하여 하나님을 사랑할 수는 없을 것이다. 그러나 여성, 자기 아내에 대하여는 그렇지 않다. 만일 하나님을 사랑하라고 하신 것처럼 아내를 사랑한다면, 남편은 자신의 낭만적인 생각과 감정을 자기 아내를 위해 보존해야 할 것이다. 다른 여성과 성적인 관계를 맺고 싶다는 생각은 금기사항이다.

"이러한 생각의 결과는 엄청난 비극을 초래한다."

"그리스도를 슬프게 한다."

어떤 친구가 나에게 이런 말을 한 것이 기억난다.

'오 내가 주 예수님을 사랑합니다.' 하는 찬송을 부를 동안에는 다른 여성과 함께 침대로 뛰어들어갈 남성은 없다."

나는 목회자가 죄를 범할 때를 안다. 그들은 예수님을 자기 시간의 대부분을 바쳐 사랑한다. 그러나 그 시간의 나머지 부분에 패배당하게 된다. 성적으로 타락한 나의 친구들은 원래 악하거나 타락한 사람이 아니라 자기의 온 시간을 다 바쳐 일한 경건한 지도자들이었다. 그러나 그 나머지 시간, 즉 막간에 그들이 걸려 넘어진 것이었다. 나로서는 이 말을 하는 것이 대단히 슬픈 일이며, 간음하는 동안 그들은 죄악 속에 살고 있는 것이다. 놀랍게도 내가 알고 있는 타락한 목사들은 자신들이 죄책과 회개의 절규 사이에서 찢어지는 고통을 겪고 있고 지상의 고독을 체험하고 있다는 사실을 스스로 인정하고 있었다.

그리스도인의 생활은 경주에 비유할 수 있다. 우리는 육상트랙의 10분의 9를 성공적으로 달려 온 경주자를 주시한다. 그러나 10분의 9를 뛰었다고 승리를 보장할 수는 없다. 마지막까지 잘 달리지 않는 한 승리 할 수 없다.

생각을 잘 보호하는 사람은 결코 육신을 죄로 더럽힐 수가 없다. 육신으로 죄를 짓는 사람은 그 죄가 간음죄이건 다른 죄이건간에 이미 그 마음에서 오래 전부터 죄를 범해 왔기 때문이다. 타락한 목회자가 자신의 아내가 아닌 다른 여성에게서 감정적인 결합을 이루는 것 같다고 느끼기 시작할 때 미리 믿을 만한 친구에게 그 정당하지 못한 생각을 털어놓았더라면, 그의 목회와 결혼 생활과 성실함을 그 죄에서 건져낼 수가 있었을 것이다.

목회자가 타락할 때마다 평가자들은 그가 부도덕한 행동을 한 것이나 잘못된 선택을 하도록 야기한 것은 "깊이 뿌리박힌 심리적인 문제"라고 분석하는데, 참으로 한심한 분석이다!

그 목회자는 죄의 문제가 있는 것이다.

우리가 빨리 사실에 직면할수록, 더욱 빨리 그의 생활이 바른 위치로 돌아갈 수 있도록 도와줄 수 있다. 다른 사람들처럼 목회자도 유혹받을 때 하나님을 바라보지 않기 때문에 죄를 범한다. 하나님을 바라보기는커녕 그들은 그 유혹을 계속해서 즐긴다. 간음은 선택, 곧 죄를 범하고자 하는 선택의 결과이다. 그러나 복음은 그 간음죄도 용서받을 수 있다고 한다.

나의 친구 중에 이기적이고 사나운 여자였던 아내와 관계가 완전히 붕괴된 한 목사가 있었다. 그는 처음에 자기 연민에 빠져 죄를 지었다. 우리는 그가 타락하는 과정을 충분히 이해하고 상상할 수가 있다. 그는 자신의 결혼 생활이 소망 없음을 결론내리자, 그와 마찬가지로 그의 교인 중에 고통을 겪는 기혼녀에게 접근하게 된다. 몇 차례의 상담이 있은 후 그들은 점심을 함께 하게 된다. 공원에서 함께 산책도 하게 된다. 거룩한 삶을 위해 서로 의지하기 때문에 그들의 관계는 오랫동안 단순히 서로 친구의 관계로서 유지된다. 이 우정의 신실함을 통해서 그들은 자신들의 자녀를 위하여 불행한 결혼 생활을 더욱더 보람있게 살려고 한다.

그러나 그들은 이러한 정신적인 결합이 감정적 결합으로 끌리고 그리고 관계가 성적으로 결합되는 것은 시간 문제이다. 첫 번째 손을 잡고, 헤어질 때 키스를 하고, 그리고 농도 짙은 오랜 키스를 하게 된다. 그 다음은 여러분의 상상력에 맡기겠다.

두 사람 모두, 그들은 그들의 관계가 성적으로 맺어지는 관계로까지 발전하기를 원하지 않았다고 한다. 불행하게도 그들을 비롯해서 수십 명의 사람들이 "오직 주 예수 그리스도로 옷 입고 정욕을 위하여 육신의 일을 도모하지 말라"(롬 13 : 14)는 말씀을 깨닫지 못하고 있다. 육신은 믿을 수가 없다. 정신에서 감정으로, 감정에서 육체로 결합하는 과정은 인간 본연의 지극히 정상적인 발전 과정이다.

결혼 생활의 불일치와 저속한 영적 썰물 시기에 있어서 거의 모든 사람이 그러한 불륜에 곤두박질할 수 있다. 특별히 목회자들은 많은 여성과 가깝게 지내게 된다. 그리고 그중에는 행복한 결혼 생활을 누리지 못하고 있는 여성도 있다. 순결을 지키기 위해서는 목회자는 모든 접촉을 피하고 자신의 위치를 철저하게 지켜야 한다.

어느 목회자는 다음과 같이 말했다.

"상담을 하면서 그 여성과 내가 정신적으로 결합이 되어 있다는 것을 발견했을 때, 동료 상담원에게 그녀를 소개하고 유혹을 피하였다. 이러한 조치로 나는 자신을 지킬 수 있었다."

그는 그의 육신을 신뢰하지 않았다.

관계가 지극히 감정적이 되고 조치가 너무 늦어 멈출 수가 없을 때에는 외부의 도움이 별로 큰 역할을 하지 못한다. 우리 인간은 너무 감정적인 면이 큰 존재이기 때문에 감정적인 면에 조금만 자극을 주어도 죄에 빠지기 쉽다. 비록 그것이 우리의 도덕적 원칙을 위반한다 할지라도, 대부분의 사람들은 감정적인 요인이 의지보다 더 강하다는 사실을 깨닫지 못한다. 의지와 감정이 갈등을 겪을 때, 감정이 의지를 누른다는 것을 확실히 알 수 있게 된다.

그러한 이유에서, 우리의 의지가 통제할 수 있을 때 심령에서부터 솟아나는 죄에 대해 그 죄가 어떠한 것인가를 바로 알고 그것을 행하지 않도록 해야 한다. 만일 감정이 통제할 때까지 방치해 두면 때는 늦을 것이다.

그리스도께 모든 생각을 복종케 한 목회자는 간음죄를 범하지 않을 것이다. 왜냐하면 그는 감정적 통제를 할 수 있기 때문이다. 상담하러 온 여성이 은밀한 장소에서 만나자거나 점심 식사를 제의할 때 동의하는 목사는 불을 가지고 노는 것과 같다.

어느 타락한 목회자의 경우는 우리 모두에게 비극적인 경종이 되고 있다. 그의 죄가 폭로되자 그는 가족과 친구, 그리고 지역 사회에 불명예스럽게 교회로부터 해고 당했다. 그때 그의 아내는 이혼을 생각하고는 자신이 4명의 자녀를 기르게 해줄 수 있도록 법원에 소송을 냈고, 그와 함께 성적 범죄에 동참한 여인은 불행한 결혼 생활을 하고 있으며, 그 타락한 목회자는 그가 배반한 주님을 섬길 수 있는 곳을 찾기 위하여 헛된 수고를 하며 고독하고 처참한 모습을 하고 있다.

이 위험에 빠진 목회자가 자신이 간음죄에 빠지기 전에, 그러한 사람들과 만나고 이야기하기 전에 하나님과 먼저 대화했더라면 어떠했을까? 목회자의 범죄 사실이 알려졌을 때에는 어떠한 대가를 지불한다 해도 다 지불할 수 없다.

어느 목회자는 그의 고통받은 그 기간에 대해 다음과 같이 말했다. "내가 결코 잊을 수 없는 날일 것이다. 인생이 끝났다고 하는 그 감정을 벗어버린다는 것이 불가능했다. 45년간 나에게 임했던 기쁨이 외마디 소리를 지르며 멈추었다."

그러면서 이 목사는 어떻게 자신과 자신의 아내가 이러한 어려움에서 일어나 평강을 되찾고 재기의 삶을 살아갈 수 있는지를 계속해서 설명하고 있다.

그러나 대부분의 타락한 목사들은 그와 같은 위안을 발견하지 못한다. 많은 목회자들이 타락한 후 처음 몇 달 동안 자살할 생각을 한다. 그러나 아직까지 나는 그들 중 스스로 생명을 취한 사람을 본 적이 없다.

그렇게 그 고통은 대부분의 범죄한 목회자들에게 자살하고 싶은 마음을 갖게 할 정도로 대단히 심각한 것이었다. 이러한 고통을 견디도록 조언했던 대부분의 목회자들이 다시 그러한 죄를 범하면 죽겠다고 맹세한다. 만약 그가 자신의 심령 속의 싸움에서 그 죄를 이기지 못하면 그는 다시 한번 육신으로 쉽게 죄에 빠지게 할 것이다.

# 제 5 장

## 어떻게 해야 성적인 유혹을
## 피할 수 있는가?

무엇보다도 목회자는 남성이다. 목회자들이 남성처럼 행동하고 반응을 나타낸다고 해서 놀라서는 안 된다. 그들은 상담을 하거나 목회 사역을 하다 보면 자연히 많은 여성과 가깝게 일하게 되며 그렇기 때문에 많은 유혹을 받게 된다. 목회자도 남성이라는 사실을 무시하지 않고 신뢰만 하는 그 위험, 다시 말해 함께 일하거나 많은 여성들과 상담을 하는 결과로 생기는 유혹을 피하기 위하여 목회자는 특별히 주의해야 한다.

## 첫 번째 단계 : 성령을 따라 행하라

"내가 이르노니 너희는 성령을 따라 행하라 그리하면 육체의 욕심을 이루지 아니하리라 육체의 소욕은 성령을 거스르고 성령은 육체를 거스르나니 이 둘이 서로 대적함으로 너희가 원하는 것을 하지 못하게 하려 함이니라"(갈 5 : 16-17).

성적인 존재이면서도 목회자는 또한 영적인 존재이다. 바울의 명령에 주의하였다면 그들은 결코 간음의 결과에 빠지게 하는 음욕에 빠져들지는 않았을 것이다. 한 사람이 동시에 성령과 음욕을 따라 살지는 못한다. 간음은 생각에서부터 출발하고, 음욕이라는 감정의 죄에 불을 붙이며, 성령을 근심케 한다. 생각으로 죄를 범하게 하는 유혹은 어디든지 있다.

목회자는 순수한 생각을 유지하도록 자신을 지켜야 하며 자신의 마음이 음란죄를 범하지 않도록 해야 한다(마 5 : 28). 마음속에 지은 간음의 생각이 육체적으로 범하는 간음죄보다 극심하지는 않더라도, 그 생각에 오래 빠져 있으면 반드시 행동으로 옮겨질 것이다.

성령을 따라 행하라는 것은 목회자가 절제를 하라는 명령일 것이다. 절제는 성령의 아홉 가지 열매 중 하나이다. 그러나 음란한 생각을 불러일으키는 것과 음란한 것을 보려고 하는 자신의 생각을 굴복시키기란 보통 어려운 일이 아니어서, 대단한 영적 체험을 한 후에도 목회자들이 음란죄라는 물 속에 빠져들고 있다. 그러나 자신의 경건한 생각을 지키고자 한다면, 목회자는 다시 올 유혹을 각오해야 하며 그에 맞서 승리할 수 있는 전략을 세워야 한다.

어느 호텔 방에서 텔레비전 채널을 돌리는 중 우연히 성적 유희를 묘사하는 프로를 보게 되었다. 바로 전에 하나님께서 강력하게 역사하셨던 집회에서 말씀을 증거하고 난 후였다. 대단히 피곤했다. 그렇지만 저녁 뉴스를 보려고 있을 때, 연방 정부법으로 정해진 방송 윤리법에 의하면 불법 방송인, 성적 묘사를 하는 장면을 마주치게 된 것이다.

나는 절제했어야 했다. 그러나 그렇지 못했다. 그리고 갑자기 감정이 나 자신을 휩쓸어 가고 있는 것을 발견했다― 성령을 근심케 한 후에.

이 경험을 통하여 귀중한 교훈을 얻게 되었다. 나는 도색 잡지에 관해 오랫동안 준수해 온 나의 방침을 텔레비전에도 적용하도록 하나님과 나 자신에게 다짐했다. 이후로는 우연히라도 성적 묘사를 지나치게 방송하는 그 채널을 틀게 될 때면 나는 재빠르게 채널을 바꾸었다. 솔직히 말해서 나는 성령을 근심케 하지 않음으로써 하나님께 인정받는 그런 느낌을 갖게 되어서 마음이 편했다. 끊임없이 조심하고 깨어 있음으로써 도덕적 순결을 유지할 수 있다.

생각으로 성령을 근심케 하지 않으면 몸으로도 성령을 근심케 하지 않을 것이다.

## 두 번째 단계 : 성적 유혹은 가볍게 보지 마라

대부분 성적 유혹에 빠진 목회자들이 그렇게 된 이유는 성적 유혹을 우습게 보았기 때문이다. 그들은 대부분 이렇게들 말한다.

"내가 그와 같은 범죄를 했다는 게 믿어지지 않습니다.", "나에게 그런 일이 일어나리라고는 꿈에도 생각지 못했어요."

성적인 범죄는 특히 남성에게 있어서는 첫 번째 유혹의 대상이다. 갈라디아서 5 : 19-21에서 바울은 성령을 따라 행하라고 명령하면서 육신의 18가지 죄를 나열하고 있는데 그 중 첫 번째 4가지 죄가 성적인 범죄이다. 간음, 음란, 더러움, 호색(개역개정 성경에는 "음행과 더러운 것과 호색"으로 3가지임-역자 주). 세계를 뒤져 보고 인간의 역사를 보아도 성적인 유혹은 이 4가지로 이끌어져 왔다.

나의 개인적인 생각으로는 이러한 성적 유혹의 영향력으로부터 자신이 면역되었다고 생각하는 크리스천들은 이미 그 방향으로 첫걸음을 떼기 시작했다고 본다. 목회자는 자신이 육신을 신뢰할 수 없다는 것을 인정해야 한다. 정기적으로 성적인 유혹으로부터 자신을 점검해야 한다. 이 세상 사는 동안 육신을 신뢰해서는 안 된다.


## 세 번째 단계 : 아내와의 원만한 성 생활을 증진시키라

성경은 결혼의 목적 중 한 가지에 대하여 놀랄 정도로 솔직하게 말하고 있다.

"만일 절제할 수 없거든 결혼하라 정욕이 불 같이 타는 것보다 결혼하는 것이 나으니라"(고전 7 : 9).

성적인 면에 전혀 무관심한 남성이란 거의 없다. 하나님께서는 우리에게 결혼을 통해 성적 충동을 만족시키도록 허락하셨다. 결혼 생활에 있어서 서로가 상대방을 받아들이기를 거부하게 되면, 그것은 곧 상대에게 유혹을 당할 여지를 만들어 주는 것이다. 부부 중 어느한 쪽이 간음한 부부들을 상담한 후에 나는 다음과 같은 결론을 얻을수가 있었다. "우리는 원만한 성 생활을 하지 못했어요." 이 사실은남편들보다 아내들쪽이 더 심했다.

"이러한 문제가 발생하기 전 두달 동안 일주일에 몇 회의 성 생활을했습니까?"라는 나의 질문에 대하여, 30대에서 50대까지 일주일에3회 정도라고 대답하는 부부를 본 적이 없다. 혼외 정사에 빠졌던 목회자들 중에 일주일에 3회 정도 자신들의 아내와의 성 생활을 만족스럽게 한 목회자들이 있다 해도 극소수일 것이라는 것이 나의 추측이다.

불행스럽게도, 아내는 남편의 애정이 식어가는 것을 느낄 때 의심하게 되고 또한 종종 남편을 성적으로 거부하기 시작한다. 그런데 아차, 이것이 바로 아내의 첫 번째 실수인 것이다! 남편의 애정이 점점소원해지는 것을 눈치챌 수 있을 만큼 현명하고 사랑스러운 아내라면 목회, 결혼 생활, 가정을 지키는 행위의 일환으로 성적으로 적극성을 띠어야 하며, 경우에 따라서는 자존심과 실망도 잊어야 한다.

대다수 타락한 목회자의 아내들이 자신이 이렇게 하지 못한 것에 대해 후회한다. 모든 일을 수습하기에는 이미 너무 늦어 버린 것이다.

여행을 많이 하는 어떤 친구 목사와 이야기를 나누는 중에 성 생활에 대한 이야기를 하게 되었다. 우리는 친구 몇 명의 타락한 이야기도 하였고, 얘기 끝에 그는 자신의 성 생활에 대한 이야기를 했다. 그와 그의 아내는 수년 동안 원만하고, 사랑스러운 관계를 유지해 오고 있다고 했다. 그 자신이 성적으로 공격적인 데 비해 그의 아내는 늘 수동적인 편이며, 그의 아내가 그들의 성 생활에서 우선권을 취하는 적이 거의 없다고 했다. 다만 한 가지 정기적인 예외는 있다고 했다. 그가 전도 집회를 가지기 위하여 떠나는 전날이면 그의 아내가 성(sex)에 신경을 쓴다는 것이었다. "내가 아무리 집회 준비에 여념이 없어도 우리는 떠나기 전날 밤 아니면 아침에는 반드시 사랑의 관계를 갖지요." 그는 덧붙여 말했다. "그때 그녀는 대단히 능동적으로 행동을 합니다." 그녀는 대단히 지혜롭고 사랑스러운 아내였다.

결혼한 부부들이 그들의 성 생활을 당연한 것으로 여기는데, 바로 여기에 허점이 있다. 자연적으로 그들의 육체적인 관계는 시간이 흐르면서 신혼 때와 같은 흥분을 자아내지 못할 것이다.

그러나 또한 더욱 행복하고 의미있게도 될 수 있다. 신혼 부부들은 질보다 양에 늘상 더 관심이 많다. 그러한 관심은 6개월에서 1년 사이에 특히 심하다. 그러나 그들의 사랑의 행위의 횟수는 점점 줄어들게 된다. 그리고 일주일에 2회 내지 3회에 제한될 때, 이때가 많은 사랑의 표현의 정점이 될 수 있다. 이 사랑의 표현은 지상에서 두 사람이 함께 나눌 수 있는 가장 충분한 경험을 향하여 불을 피우게 한다.

결혼한 목회자들이 원만한 부부가 되어야 한다는 것은 중요한 일이다. 이것은 목회자들이 여성을 이해해야 한다는 것을 요구하고 있다. 일반 남성들로서는 알 수 없는 감정을 여성들과 상담하며 느끼고 듣고, 결혼 전인 연인들과 상담하며 이러한 분야에 대해 공부해 왔기 때문에, 목회자들은 다른 남성들보다 여성의 필요에 대해 훨씬 민감하게 마련이다. 이렇게 목회자들은 여성에 대해 구석구석 많은 것을 아는 것으로 인하여 아내의 욕구를 충족시켜 줄 수 있다.

남성들은 여성들과 육체적으로, 감정적으로, 심리학적으로 다르다는 것을 알 필요가 있다. 대부분의 여성들은 성 행위를 위한 성 행위를 좋아하지 않는다. 반면에 남성들은 육체적인 즐거움으로서 성 행위를 즐긴다. 여성은 성 행위에 있어서 로맨틱한 면이 결여되었을 때 속는 기분을 느끼게 된다. 여자들과 상담하다 보면 늘 다음과 같은 불평을 늘어놓는다.

"남편이 사랑의 관심을 보여주는 유일한 시간은 그가 성을 요구할 때뿐이죠."

여성들은 자신이 성적 환락의 대상으로 여겨지기를 원치 않는다. 여성들은 성 행위의 정점에서 사랑의 감정을 느끼는 것만큼, 성이라는 행위를 통하여 서로 섬기는 인격체로서 사랑받기를 좋아한다. 그리고 그때와 마찬가지로 여성들은 성 행위 정점 후에도 사랑의 표현을 기대하게 된다.

현명한 남편은 집에 귀가해서 침실에 들 때까지 낭만적 분위기를 아내에게 베푼다. 이 모든 분위기가 유치해지지 않게 더욱 더 신경 써서 좋게 끝마쳐야 한다. 남편은 아내와 사랑스럽게 대화를 나누고 존중하며 아내를 대하여야 한다. 집안 일을 도와줄 때도 이렇게 이야기할 수 있어야 한다.

"당신을 사랑하오."

대부분 여성들은 사랑과 우아함, 존경, 그리고 사려 깊은 지도력에 따뜻한 반응을 보인다. 그리고 혼외 정사를 가진 사랑에 굶주린 여성들에게서 그와 같은 면을 볼 수 있었다. 다른 남성의 침실에서 그들이 찾았던 것은 성적 충동이나 열정이 아니라 부드럽고 사려 깊은 행동, 사랑과 같은 것들이었다. 그녀들은 그와 같은 것들을 갈구하고 있었다.

이러한 것들은 감정적인 결합과 결혼한 부부들에게 가장 원만한 부부 관계를 유지시킬 수 있는 요소이다.

### 당신의 결혼 생활에 우선권을 주라

결혼한 남남들 또는 거리감 없는 부부들에게서 대부분 성 생활의 기쁨이나 만족 같은 것을 찾아볼 수가 없다. 그저 적당히 상대방의 욕구에 응하는, 또는 욕구나 채우는 정도로도 성 행위는 얼마든지 할 수 있는 것이다. 그런 행위들은 어쩌면 하지 않는 것보다 나을지도

모르지만, 그러한 성 행위는 그것뿐이다. 문제가 생겼을 때 그들은 함께 아무것도 할 수가 없다.

모든 부부들은 성 생활에서 육체의 사랑을 표현하는 데 있어 대조를 이루는 내적 시계라는 자연적인 적을 만나게 된다. 남성은 빠르고 급한 경향이 있다. 반면에 여성들은 남편과 사랑 관계를 가질 때 그 순간에 로맨스를 맛본다. 현명한 남편은 그의 욕망을 그녀의 욕구에 맞춘다. 아무리 업무에 시달리고, 시간이 제한되어 있을지라도.

오늘날 목회 사역은 건강한 가정 생활과 결혼 생활에 도움을 주지 못한다. 많은 사람들은 교회에서 목회자의 시간을 요구하고 있고, 매주일 새롭게 준비하는 3~4회의 설교에 요구되는 정신적인 노력, 끊임없는 가정 생활에 대한 간섭 등, 이 모든 것이 가정 생활을 붕괴시키고 있다. 많은 목회자들이 일을 뒤로 미루고 아내와 자녀들의 욕구에 관심을 둘 수 있는 시간을 갖기가 매우 어렵다.

결정적인 요인은 무엇인가? 우선권이다. 여러 가지로 압박을 받고 사는 이 시대의 모든 결혼한 사람들은 다른 어떤 것보다 우선적으로 부부와 가정의 관계를 갖도록 해야한다. 목회에 있어서도 필요하다면 마찬가지이다.

불행하게도 많은 사람들이 가족을 잃어버리고 나서야 그보다 더 중요한 것은 아무 것도 없다는 사실을 뒤늦게 깨닫게 된다. 이것은 목회자에게 절실히 요구되는 것이다. 성경은 분명히 말하고 있다. "목회자는 한 아내의 남편이 되어야 한다"고. 만일 아내가 그의 곁을 떠나면 그에게는 다시는 목회 사역을 할 수 있는 희망이 없다고 보아도 무방하다.

리처드 엑슬리(Richard Exley)는 완전히 아내와 단절된 삶을 사는 어떤 목회가에 대한 이야기를 했다.

그 목회자의 아내는 남편이 다른 여자와 살기 위하여 자신을 버렸다고 했다. 그녀는 교회를 다른 여자처럼 생각했다. 교회를 다른 여자에 비할 수는 없다. 가족을 희생하면서 교회의 종노릇하는 것이 비록 잘못되기는 했지만, 영적인 것이라고 지지해 줄 수도 있을 것이다. 그런데 어떻게 그리스도인 아내가 남편에게 다음과 같은 말을 할 수 있을까?

"당신은 주님을 섬기는 데 너무 많은 시간을 허비하고 있어요."

그보다는 같은 말이라도 남편에게 용기를 불러일으키며 다음과 같이 이야기 하는 편이 더욱 좋을 것이다.

"당신은 나와 애들을 소홀히 하는 데 더 많은 시간을 보내고 있어요."

그 목회자는 과감히 자신의 모든 감정과 모습을 남에게 보여 주었으며, 그렇게 보여줌으로써 남들이 자신의 행동에서 유익을 얻기를 바란다고 엑슬리는 말했다.

나는 다음의 글을 읽고 울었다. 모든 목회자들과 크리스천 지도자들이 이 실제로 있었던 이야기를 읽어 보도록 권한다.

일주일에 5일 또는 6일 저녁을 교회의 이러저러한 모임에 목회자들은 참석하게 된다. 그 결과 집안에서 가족과 함께 있다 해도 항상 피곤에 지쳐 있으므로 없는 것과 마찬가지이고, 목회자의 아내는 버려진 느낌을 받을 것이다. 심지어는 배반당한 느낌까지도 받을 것이다.

풀러신학교의 교수이자 저술가인 데니스 구른세이(Denis Guernsey) 박사는 다음과 같이 말했다.

"그 목회자는 다른 여성과 부정한 잠자리를 함께하지 않았다. 교회가 다른 여성으로 대두될 때 목회자의 아내는 매우 어려운 상황에 접하게 된다. 어느 누구도 이 부도덕에 대해 비록 그것이 망상일지라도 그것은 상상조차 할 수 없는 것이다. 그는 하나님의 사역을 감당하고 있는 것이다."

그러나 목회자의 아내에게는 이것이 벌어진 상처이며, 좌절과 심지어 분노를 계속적으로 일으키게 하는 근원이 된다. 이러한 고통과 절망에 관하여 월터 윈저린(Walter Wangerin Jr.)만큼 사실적이고 웅변적이고 구체적으로 설명한 사람을 본 적이 없다. 그는 작가이자 목사이다. 그는 다음과 같이 설명하고 있다.

"주일 저녁 부엌에서 아내가 침묵을 깨고 나를 몰아 붙이고 있을 때 나는 무엇인가 알게 되었다. 이 작은 여인이 분노로 점점 커질 때, 외투를 반쯤 벗은 나는 그녀가 무슨 이야기를 하고 있는지 들을 수 있었다. 밖에는 하루 해가 지고 있었고, 나는 지난 수년간의 그녀의 생활이 어떠했는지를 알게 되었다. 그녀의 시각을 통하여 나는 이전에는 전혀 몰랐던 나 자신을 보게 되었다. 그녀가 지금까지 지켜본 나에 대한 것들은 나를 책망하는 것이었다.

'나는 당신의 아내이고 당신은 나의 전 생애를 결정지어야 해요. 그러나 당신은 결정 사항에 대해 거의 신경을 쓰고 있지 않아요. 당신은 무성의하게 관심도 없이 대하고 있어요. 또한 부차적으로 나를 대해 왔어요. 우선적으로 모든 사람에게 친절하게 대하고 먼저 다른 사람과 대화하고 있어요. 다만 나에게는 예외였어요. 언제나 부차적으로 나를 대하고 있어요.'

'성실한 목사'. 그녀는 이렇게 호칭했다.

"당신은 정말 성실한 목사예요. 월리(Walley), 나는 가끔 당신이 성실하지 못한 목사, 게으른 목사, 무관심한 목사가 되기를 바라기도 해요. 그럴 때면 나는 당신에게 불평을 하지요. 그렇게라도 하지 않으면 내가 여기서 이렇게 당신을 마주할 때가 얼마나 될까요? 성실한 목사 월리, 어떻게 하나님과 논쟁을 벌이고, 당신을 돌려달라고 하나님께 말할 수 있나요? 월리, 당신의 목회가 나를 파멸로 몰아넣었어요. 아니, 보다 정확히 말하자면 내가 당신을 필요로 할 때 당신은 항상 나를 혼자 있게 했어요. 늘 어디에 계셨어요?"

그 주일 저녁, 햇살이 어두워져 가는 부엌에서 그녀가 나에게 이야기한 내용이었다. 그녀의 말 한마디 한마디가 나를 깨우치고 있었다. 이 정말 성실한 목사는 그의 성도 중 한 일원인 가족들을 슬프게 했던 것이다.

저녁 식사를 하는 나는 안색 하나 변하지 않았고, 오히려 아내의 조그만 잘못에 대해서도 핀잔을 주며 아이들에 대해서 이런 저런 잔소리를 늘어놓았다. 그날 저녁 우리의 저녁 식사는 긴장 속에 진행되었고 순식간에 끝났다.

아내는 내가 교도소 심방을 싫어하며 얼마나 싫어하는지를 잘 알고 있다고 말했다. 그러나 나는 심방을 했다. 그리고 그 시간이 낮이건 밤이건 전혀 문제가 되지 않았다. 아직까지 나는 내가 싫다고 해서 그 일을 하지 않은 적이 없었다. 그것은 집에서도 마찬가지이다.

상담이나 설교나 내가 하는 모든 말이 그녀에 의하면 너무 아름답다고 했다. 그녀는 나를 강단의 시인이라고 했다. 그러나 침실에서의 나의 대화는 잔혹하고, 불평스럽고, 신중하지 못한 것이었다. 우리의 대화는 목회에서 일어나는 여러 가지 실망스러웠던 일을 이야기하는 것이 전부이고 그렇지 않으면 거의 이야기하지 않았다.

밤마다 침대에서는 허탈 상태에 빠지고, 아침에는 아무렇지도 않은 듯 의기 양양하게 대문을 나서며, 감사하는 성도들의 사랑을 받고, 영예로운 사역을 활동적으로 행하는, 나는 그런 사람이다.

나는 목회 사역을 잘 감당하고 있다. 나는 사회적으로 건강한 상태이다. 나의 아내는 나의 작은 집에서 죽어가고 있었다. 그러고는 하나님의 시간을 훔치며, 나로부터 하나님의 사역을 하지 못하도록 더 많은 시간을 요구하는 악한 마귀의 생각을 핀잔을 주기도 하였다. 나는 아내가 장만한 식사를 대하며 행복하게 웃었다.

그녀는 남몰래 울었다. 간혹 아내는 아이들 중 하나를 안아 주곤 했다. 그러면서 그녀는 엄마의 사랑을 확신시키고 있었고, 그 행동이 너무 강렬해서 놀랄 정도였다. 아내의 이러한 행동은 아이에게 거부감까지 줄 정도였다. 가끔 아내는 자식이 짐이 되고 있다면서 자신을 원망하기도 했고, 그때마다 아내는 하나님의 도대체 어디에 계신가 의심을 하곤 했다.

근래에 아내의 얼굴에서는 미소가 사라졌다. 웃음 소리도 사라져 갔다. 조금씩 조금씩 아내는 시들어 갔다. 그리고 나는 이 모든 것을 전혀 깨달지 못했다.

나는 이런 말을 했다.

"우리 함께 지내야겠어."

진심에서 우러나온 말이었다. 그러고는 계속해서 말했다.

"함께 있을 수 있는 시간을 따로 만들어야겠어.", "어떻게 해야 하나!"

이 말이 아내에게 모욕적으로 들렸을까?

"달력에 당신과의 약속 시간을 적어 놓으면 어떨까? 어때? 내 말이 지나치게 사무적으로 들렸다면 나를 용서해 주구려. 그렇지만 나는 당신과의 시간을 수첩에 적어야만 할 것 같은데."

"매일 밤 저녁 식사하기 전 1시간을 당신과 함께 집에서 지내면서 함께 이야기하도록 하지."

나는 이렇게 이야기 하고 다시 나의 수첩에 이 모든 것을 기록해 놓았다.

이 사실에 대하여 여러분은 어떻게 생각하는가? 여러분이 이렇게 한다고 할 때 이러한 행동이 여러분 자신의 품격을 떨어뜨리게 되지는 않을까? 어쩌면 품격을 떨어뜨릴 수도 있을 것이다.

그러나 나는 이것을 할 것이다. 그리고 나는 혼자 이렇게 중얼거렸다.

'주말에 함께 2박 3일로 집을 떠나 당신과 나만의 시간을 갖겠어. 올해, 내년, 매년마다 이런 시간을 가지겠어. 나는 당신과 함께 있겠어. 약속하지.'

다음 며칠 동안 나는 저녁 식사 전에 집에 왔다. 저녁 식사 전 1시간 동안 아내가 음식을 만드는 동안 나는 부엌 의자에 앉아 있었다. 그때의 나의 감정은 어떠했을까? 순전히 억지였다. 몇 마디 나눈 대화도 가까스로 했다. 아내는 대부분 침묵만 지켰다.

그렇다. 우리의 삶은 지난 몇 년 동안 전혀 달라져 있었다. 우리가 느낀 것보다 더욱 빗나간 상태였다. 우리에게는 공통의 화제가 거의 없었다. 그러나 무엇보다도 내 마음을 아프게 만든 것은, 아내가 아내에 대한 나의 사랑을 받아들이는지 또는 나의 변화를 믿고 있는지 나로서는 전혀 알 수 없다는 것이었다. 자신에게 상처를 입힌 사람에게, 그리고 또다시 상처를 입힐 수 있는 사람에게 자신을 노출시키는 일은 위태로운 일이다. 그녀는 나를 사랑했다. 그녀는 그 사랑을 다시 발견하고 내게 그렇게 말했다. 그러나 나는 우리의 관계가 그렇게 깊이가 있었다고는 생각하지 않는다.

매일의 삶 속에서 우리의 시간의 잔은 계속 비워지고 있었다. 비록 시간의 잔이 비워질지라도 시간은 그곳에 있었다. 먼저 그 형태를 이루어야 한다. 시간이 찾아왔을 때 채워질 것이다.

나는 계속해서 집으로 돌아왔다. 비록 아내와 아무런 말이 없었어도 나는 집으로 왔다. 그것은 단순한 노동이었다. 그리고 그것은 나 자신과의 약속을 지키기 위해서였다. 약속, 단순히 그 약속 때문이었다. 그러나 진짜 얘기는 지금부터이다.

시간의 잔을 지속적으로 채우는 일로 인하여 아내는 점차 나를 신뢰하기 시작했다. 내가 어제 거기 있었다면 내일도 거기에 있을 수 있다. 그러므로 오늘도 아내는 되든 안 되든 한두 마디의 말을 건넬 것이다. 그리고 아내는 그렇게 했다. 아내가 말을 하기 시작한 것이다. 그녀는 남편인 내가 듣고 있다고 믿고 있다. 그리고 나 역시 듣고 있다. 그녀가 말을 많이 하면 할수록 나는 더욱 더 듣기를 원했다.

사랑하는 사람이 다시 한 번 자신을 줄 수 있을 만큼 나를 신뢰한다는 것은, 그녀의 모든 신뢰를 다시 얻는다는 것은 놀라운 일이다. 시간의 잔은 모든 것을 입증하고 있었다. 그 잔은 우리 인생의 진액으로 채워지기 시작했다.

이 약속의 잔, 얼마나 귀한 것인가?

이 아침에 내가 대문을 나서도 헤어질지라도 저녁이면 다시 만날 것이므로 그 시간의 헤어짐은 감수할 수 있고, 우리는 다시 만날 수 있다는 시간을 믿는다. 그리고 이와 같은 생각은 마치 우리가 종일토록 함께 있다는 생각을 갖도록 한 것 같다. 만일 나의 아내가 나의 다른 죄로 고통을 받는다면, 폭발할 때까지 끙끙거리며 감정을 고조시킬 필요가 없다. 이것을 위해 그 잔은 그곳에 있다. 나는 나를 양육하는 그 사랑과, 나를 정화시키고, 나를 눈뜨게 하는 약이 담긴 그 잔을 마신다.[1]


많은 여성들이 천대, 분노, 멸시, 폭행, 심지어 간음까지도 오랫동안 견디고 사는 것을 볼 수 있다. 그들에게는 내면 깊은 곳에서부터의 절규가 있을 것이다. 희망 없는 절망에 대한 마지막 반응인 그런 절규가.

그들은 자신의 상황이 변하고 있다는 사실을 깨닫지 못한다. 그와 같은 여성들은 혼외 정사에 빠지기 쉽고, 쉽게 남을 괴롭히고, 다른 남자들이 접근하기 쉽게 자신을 흐트러뜨린다.

그러나 어떤 경우도, 제3의 인물이 개입되기 전에 바로잡게 되면 앞서 말한 아름다운 이야기처럼 모든 경우들이 치료될 수 있다. 그리고 그러기 위해서는 매일의 계획을 토대로 해서 정상적인 시간 계획을 짜는 것처럼 해결책을 위하여 신중하게 발을 떼어야 한다. 시간을 감수하고서라도 시간을 미리 잘라서, 적어도 석달에 한번 미니 신혼여행을 권하고 싶다. 부부가 함께하는 1박 2일 코스는 결혼 생활의 신나는 자극제가 될 수 있다.

어느 젊은 목사가 시무하는 교회 연회석상에서 젊은 목사와 또 그의 아내와 대화를 나누게 되었다. 불편한 관계를 알아차리는 데에는 형사 반장이 따로 필요 없다. 그와 대화를 나누면서 나는 의도적으로 내가 이 책에서 이야기한 결혼 생활에 대한 화제로 말꼬리를 돌렸다. 그들은 열심히 듣고 있었다. 나는 그들에게 미니 신혼 여행을 가본 적이 있느냐고 물었다. 그러자 젊은 목사가 얼굴을 찌푸리며 이렇게 말했다.

"우리는 미니 신혼 여행을 할 만큼 여유가 되지 않습니다."

그 목사가 재정적으로 곤궁한 상태인가? 아니라고 생각한다. 그 자신이 그렇게 오래 아내와 함께 있기를 원치 않기 때문이었다. 그리고 그 사실을 깨닫지 못하면, 그의 목회 사역도 위험에 처할 것이다.

## 넷째 단계 : 청년의 정욕을 피하라

바울은 믿음의 아들 젊은 디모데에게 다음과 같이 충고하고 있다.

"청년의 정욕을 피하라"(딤후 2 : 22).

이 말은 독신 남성에게 하는 말일 것이다. 만일 바울이 오늘날 살아 있다면, 그리고 결혼한 많은 목회자들이 도덕적으로 타락하는 것을 보았다면 그는 결혼한 사람에게도 이 말을 충고했으리라 확신한다.

젊은이들과 함께 사역한 뛰어난 사역자인 헨리에타 미어스(Henrietta C. Mears) 박사는 이렇게 말했다.

"탕녀와 함께 있는 훌륭한 젊은이를 나는 신뢰할 수 없다."

바울처럼, 그녀는 남성들에게 "청년의 정욕을 피하라"라고 가르치고 있다.

성경의 위대한 인물 중 한 사람 요셉은 어떤 희생도 무릅쓰고 자신의 도덕적인 삶을 지켜 나갔다. 이미 기억하듯이, 보디발의 아내가 동침하려고 유혹할 때 그는 그녀에게 잡혀 웃옷이 벗겨지면서도 도망을 갔다. 불행하게도 거의 모든 타락한 지도자들이 그런 음란스러운 행위에서 자신을 지킬 수 있다고 생각한다.

나의 목회 사역 중 일찍이 내가 알고 있는 한 가지 원칙이 있다. 나는 육신을 믿지 않는다. 나의 육신을 믿지 않는다는 것이다. 이러한 육신을 불신하는 것이 나 자신을 나의 사역에서 지켜 주었고 나의 결혼 생활을 보호해 주었다.

수년 전 약 50킬로미터 정도 떨어진 곳에 있는 교회에 특별 모임이 있어 매일 밤 참석하고 집으로 돌아오곤 했다. 교인 중에는 하루도 빠지지 않고 꼬박 꼬박 참석하는 아주 매력 있는 한 여성이 있었다. 어느 날 그녀가 예배 후에 상담을 요청했다. 그녀는 남편이 집에 있다고 하면서 커피와 파이를 구워 놓고 나를 초대했다.

나는 전혀 의심 없이 그녀의 집으로 갔다. 그런데 그곳에 도착했을 때, 나는 그녀의 자녀도, 남편도 없는 것을 발견하게 되었다. 나는 즉각 남편이 어디에 있느냐고 물었다. 그녀의 대답은 다음과 같았다.

"예, 가게에 무엇 좀 사러 갔어요. 곧 돌아올 거예요."

나는 빠른 결정을 해야만 했다. 정중하게 사과한 다음 나는 도망쳐 나왔다. 상황이 나에게 해로움을 주지는 않을지라도 기껏해야 유익해 보이지도 않고, 최악의 경우 엄청난 사태를 몰고 올 것이다. 나는 그러한 결정을 후회하지 않는다. 나에게 손해는 없었다. 파이 한 조각을 제외하곤.

요셉의 본을 따라사는 목회자는 결코 후회함이 없을 것이다. 그러한 유혹을 처리할 수 있다고 항변하는 목사는 사도 바울의 말에 귀를 기울여야 한다. "그런즉 선 줄로 생각하는 자는 넘어질까 조심하라"(고전 10 : 12).

자신의 육신을 믿지 않는 사람은 그 유혹으로 인하여 함몰되지 않을 것이다. 왜냐하면 그는 자신이 할 수 있는 최상의 것으로 그 유혹을 다룰 것이기 때문이다. 바로 도망하는 것이다.

## 다섯째 단계 : 정절 보장-부부가 함께 기도하기

지난 수년 동안 자기 전에 매일 밤 혹은 일주일에 적어도 4~5일 밤은 부부가 함께 기도하는 습관을 가질 것을 강조해 왔다. 이 습관은 부부 사이에 영적 성장의 체험도 가져다 주지만 영적으로 하나가 되도록 이끌어 준다.

자신과 밤마다 함께 기도하는 여인에게 충실하지 못한 남성은 거의 없을 것이다. 만일 그가 바람기 있는 여인과 함께 지내려 한다면, 그는 주님의 경고의 소리를 들을 것이라고 확신한다.

내가 아내와 함께 기도하는 중에 얻은 방법은 대화식 기도 방법이다.

부부가 함께 기도할 때 첫날 밤은 남편이 1~2분 동안 자신의 심령에 가지고 있는 주된 문제를 놓고 기도를 한다. 그 문제를 위하여 아내의 관점에서 기도하도록 한다. 그때 남편은 아내의 반응에 나타난 그의 두 번째 짐을 위하여 기도해야 한다. 그들이 기도할 제목을 5가지 정도 찾아내면, 부부 모두 또는 부부 중 한쪽이 심히 무거운 짐이 없는 한 잘 시간이 될 것이다. 다음 날 밤은 아내가 주된 문제를 가지고 기도를 한다. 그리고 남편의 반응에 따른다. 이렇게 부부가 함께 기도하기를 일주일에 4~5일씩 앞서 제시한 방법대로 계속한다면, 부부는 자신들이 깊이 느끼는 외적인 모든 것을 함께 나누게 될 것이다.

이 지구상에서 내가 알고 있는 몇 가지 일 중 하나는, 부부를 함께 이끌 수 있는 것은 강력한 대화라는 것이다. 머지않아 부부 중 한 사람은 상대방의 심령에서부터 근본적으로 문제가 된 것에 대하여 기도하기 시작할 것이다. 이 현상은 영적으로 그들이 하나가 된다는 건강한 징조이다. 이러한 유의 기도 생활은 거의 모든 부부들의 결혼 생활을 풍성하게 할 뿐 아니라 유혹받는 모든 이들에게 정절 보장이 될 것이다.

결혼은 모험과 같다. 우리는 결혼 생활에 위기가 발생하고서야 비로소 결혼의 고마움을 깨닫는다. 이혼으로 인하여 황폐해진 대다수의 그리스도인들은 하나 된 결혼 생활의 기쁨을 감사할 줄 모른다.

많은 사람들이 다음과 같이 고백한다.

"나의 인생을 함께할 사람이 없다는 것이 이다지도 외로운 일인 줄 알았더라면 이런 일이 생기지 않고 원만하게 결혼 생활이 이루어지도록 더욱 더 노력했을 텐데."

이것이 나의 요지이다. 흔들리지 않는 결혼 생활의 부부 관계는 부부 중심의 우선권, 시간, 노력을 필요로 한다. 우리는 뿌린대로 거두게 된다. 하나님께서 도와주셔서 부부가 서로 사랑과 존경으로 대할 때, 그들은 어느 때든지 행복하게 살 수 있다.

# 제2부

# 그들은
# 회복될 수 있을까?

if ministers fall,
can they berestored?

restored?

if
ministers fall,
can they be
restored?

# 제 6 장

## 목회자가 타락했을 때 교회는 어떻게 해야 하나?

불명예스러운 타락으로 인해 교회 지도자가 목회자를 잃는 것은 교회로서는 견디기 힘겨운 일 중 하나이다. 어느 누구도 그 같은 경험을 한 적이 없기 때문에, 그런 문제가 발생했을 때 준비할 수 있는 교회는 얼마 안 된다.

해군에서 항해 중 갑작스러운 화재나 폭발이 선상에서 생겼을 때와 같은 경우에 사용하는 술어가 있다. 응급 처치이다. 비극을 초래할 수 있는 그러한 외상의 원인을 교회가 피할 수 있는 최상의 방법은 응급 처치 계획을 세우는 것이다.

다음 계획은 교회와 목회자, 그리고 그의 가족의 피해를 최대한으로 막아 보도록 고안하는 것이다. 교회가 계속되고 있는 불륜의 관계를 제지할 것인가, 아니면 조용히 목회자의 범죄를 처리할 것인가? 그리고 회개하는 목회자를 어떻게 다룰 것인지를 바탕으로 여러 가지 절차를 사용할 것이다. 아무리 잘 짜여진 계획도 비극적인 결과를 가져오는 공적인 피해를 완전히 없앨 수는 없다. 그러나 또한 잘 짜여진 계획은 그 죄에 해로운 영향력을 행사할 수는 있을 것이다.

다음에 제시하는 것들은 내가 대부분 알고 있는 그러한 상황들을 토대로 만든 것이다 : 목회자가 그의 죄를 인정하고, 회개하며, 그 다음 불륜의 관계를 멈추게 된다. 혹 그가 자신의 아내에게 모든 것을 고백하지 않을 수도 있다. 그러나 목회자가 자신의 부도덕의 문제를 부인하는 경우, 절차는 복잡해질 것이다.


## 1. 사실을 바로 알라

어떤 조치가 취해지기 전에 제직 또는 장로들은 그 소문을 정확히 조사하고, 그 증거물들을 가지고 목회자와 비밀리에 만나야 하겠다. 실제 추문도 많지만 유언 비어도 대단히 많다. 그러므로 목회자와 직접 대면하기 전에, 교회 지도자들은 확실한 사실의 증거를 가지고 있어야 한다.

만일 목회자가 순수하다면, 악의에 찬 소문을 퍼뜨린 장본인에게 적절한 교회의 치리가 내려져야 한다. 소문을 낸 사람이나 교인 전체에 경종을 울리는 목적으로라도 진실이 판명되도록 모든 노력을 다하여야 한다. 왜냐 하면 이것은 교회의 평판뿐만 아니라 목회자의 생활과 경력과도 직접 관계되기 때문이다.

빌리 그래함 전도 대회가 2주 후에 열리기로 되어 있는 어떤 도시에서, 기도 후원회 위원장직을 맡고 있던 한 목사가 거짓된 성 추문 문제에 휘말리고 말았다. 그 목사는 대단히 양심적이었다. 그의 최대 관심은 이 추문으로 인하여 그 전도 대회에 부정적인 영향력을 입히지는 않을까 하는 것이었다.

결국 그는 교회와 그 모임의 의장직을 사임하고 말았다. 그 이후 그의 교회도 그의 목회도 예전 같지 않았다. 지금 그는 세상을 떠나고 없다. 그가 그곳에서 담임 목회자로서 섬기고 있을 때 그 교회와 그 목회자가 애처롭게도 추문의 그늘에 가려져 있었다.

만일 교회 제직들이 소문을 믿기보다 그 증거를 분명히 조사했더라면 그리스도의 몸이 불필요한 고통을 받게 되지 않을 수 있었을 것이다.

## 2. 목회자의 즉각적인 사임을 요구하라

만일 목회자가 사역을 수행하는 중에 간음죄를 범했다면 교회는 당연히 사임을 요구할 것이며, 목회자는 교회의 제직과 당회 앞에 회개해야 할 것이다.

전체 교인이 목회자와 관련된 여성의 신분이나 자세한 내용을 알 필요는 없다. 교인들은 장로나 제직들이 모든 일을 잘 처리하리라 믿고 일임하는 것이 좋다.

그리고 교회는 감정적인 공적 회개 행위는 삼가야 한다.

또 목사는 교인들이 다 분명히 알 수 있도록 사직서를 작성해야 한다. 그 고백 속에는 독덕적 범죄를 인정하는 내용이 포함되어야 한다. 그렇지 않으면 목사를 따르던 사람들이 변호인이 되고 목회자 쪽으로 돌아서서 목회자를 핍박하는 사람을 비난하게 된다.

교회는 기도해야 한다. 목회자, 가족, 그리고 그리스도의 가르침에 대하여.


## 3. 목회자의 퇴직금을 확실히 정하라

당회나 제직회는 목회자 가족의 생계를 위해 퇴직 수당을 당연히 생각해야 한다. 바람직한 환경에서도, 목회자들이 짧은 시간에 새로운 교회로 옮긴다는 것은 어려운 것이다. 하물며 불명예스럽게 떠난다는 것은 거의 불가능한 것이다. 교인들은 비록 그들이 모든 문제에 있어 상세히 알고 있지는 않지만 목회자와 그의 가족이 그리스도인으로서 대우를 받고 있는지를 알기를 원한다.

이에 대해서는 교회마다 각각 다 다르다. 어떤 교회는 무모하게 퇴직금을 안 주고 넘어간다. 그리고 어떤 교회는 그 교회에서 시무한

해 중 매년 1개월분을 퇴직금으로 계산하는 교회도 있다.

효과적으로 사역을 이끌어 온 목회자들에 최소한 6개월분의 사례비는 그 가족들이 뜻하지 않은 환경 변화에 대비하여 지급되어야 할 것이다.

냉정하게 목회자를 다루는 교회, 목회자의 범죄에 분노하여 그의 사역 기간 동안 받았던 급여만으로 모든 것을 끝내는 교회, 한푼도 지급하지 않고 몰아내는 교회들이 있는데, 오직 교회만 다치는 결과밖에 되지 않는다. 이러한 행위는 하나님의 분노를 살 뿐 아니라 목회자를 사랑했던 교인들의 분노를 폭발하게 만든다.

교회가 사랑으로 목회자를 도와주면 그것이 교회의 간증이 된다. 그리고 그 교회에서 목회자를 충실하게 따르던 사람들이 교회를 떠나지 않도록 도움이 될 것이다. 한푼을 아끼고 천냥을 잃는 어리석음을 범할 시간이 없다.

## 4. 목회자에게 그 도시를 떠나도록 권한다.

타락한 목회자가 교회에 대하여 할 수 있는 최대의 봉사는 보도 기관이 취재하지 못하도록 가능한 한 빨리 떠나는 것이다. 그리고 그 기간은 대개 1개월에서 3개월 정도 걸린다. 사람들에게 덜 알려지면 덜 알려질수록 문제의 폭은 더욱 줄어들 것이다. 가능하다면 온 가족이 다른 도시로 이주하는 것이 좋다.

이러한 이유로 교회는 목회자 가정이 새생활을 할 수 있도록 해야 하고, 목회자에게 다른 유형의 일자리를 찾도록 허락하며, 몇 개월분의 사례비를 지급해야 한다. 주께서 이러한 방법을 종국적으로 이끄신다면 회복은 더욱 빨라질 것이다.

목회자의 사임은 그의 온 가족에게 심각한 무거운 짐을 지게 한다. 왜냐 하면 그들은 친구, 학교, 사랑하는 이들을 떠나게 되기 때문이다. 그리고 경우에 따라서는 가족에게까지 이러한 영향력이 미치게 되는 것이다.

그러나 이러한 어려움을 겪은 후 이제 최선의 방법은 그 지역을 떠남으로써 쓸데없는 소문을 줄이는 것이다. 그가 그 지역에 그대로 남아 있는 한, 보도 기관은 어떻게든 핑계를 삼아 그의 도덕적 부정을 문제 삼을 것이다.

목회자가 떠나면 교회에도 고통이 뒤따른다. 목회자 없이 교회가 제기능을 발휘해야 한다. 그러나 그가 떠나게 되면, 목회자의 범죄에 대해 알려졌을 때 따르는 혼란을 피할 수 있을 것이다.


## 5. 보도 기관에 대해 대비하라

교회가 대처해야 할 응급 처리 중 한 가지는 즉시 언론 기관을 생각해야 한다는 것이다. 오늘날 보도 기관에 근무하는 사람들은 대부분 믿음의 사람들이 아니며, 오히려 그들은 그리스도인들의 어리석음을 폭로하려고 한다. 불미스러운 사건이나 교회가 불신받을 수 있는 꼬투리 될 만한 것을 그들은 결코 그대로 두지 않는다. 일단 그들이 그리스도인들의 성적 추문에 관한 기사를 가지고 있으면 레코드판이 계속 반복되어 돌아가듯이 두고 두고 그 기사를 이용한다.

타락한 목회자가 시무했던 교회가 크든 작든, 목회자는 교인 중에서 보도 기관에 대하여 대변할 수 있는 사람을 선정해야 한다. 바람직한 것은 기자들을 대해 본 경험이 있는 사람이라면 더할 나위 없이 좋을 것이다.

일단 언론 매체를 통하여 풍자로 빗대어 묘한 표현으로 나타나게 되면 이 소문은 순식간에 퍼지게 된다. 만일 보도 기관이 이 사실을 누설할 때, 기자들이 목회자의 사임 예배를 알게 되었을 때 그들이 보도하는 것을 방해하지 말라. 그렇게 함으로써 오히려 그 상황을 자연스럽게 넘길 수가 있을 것이다.

언론 기관의 주시를 받을 정도의 규모를 가진 교회는 목회자의 사임에 대한 간결한 사실을 인정하는 성명서를 준비해야 한다. 도덕적인 부정으로 사임하는 이유를 인정하면서, 교회가 그 목회자의 사표를 수리했고 범죄한 목회자는 모든 사실을 시인했다는 사실을 반드시 말해야 한다. 그리고 사임하는 주일에 공적으로 발표한 사항보다 더 상세한 답변이 없도록 하며, 회신 전화를 준비해야 하는 대변인의 이름을 포함시키라. 그럴 때 많은 언론기관의 대표들은 교회의 이러한 협조에 감사하며 목회자의 범죄를 단순히 보고할 것이다.

전적으로 모든 사실을 다 알리지 않는다면, 그리고 전면 조사를 방해한다면 오히려 쓸데없는 이야기로 추문만 커지게 될 것이다.

만일 목회자가 그 지역에 남아, 그리고 지혜롭지 못하게 새로운 교회를 시작한다면 그는 자꾸 과거에 휘말려들게 될 것이다.


## 6. 목회자 없는 공백 기간에 잠정적으로 교회를 맡아 줄 목회자를 구하라

그래도 교회는 계속 움직여야 한다. 교회는 복음을 전하는 일과 사람들을 도와주는 일을 결코 쉬어서는 안 된다. 또 다음 주일은 어김없이 다가온다. 교회 안에 설교할 부목사나 다른 교역자가 없다면 잠정적으로 맡아 줄 목사를 찾아야 한다.

새로운 목회자를 찾는 데 하나님의 인도하심을 구하며 기도하며 조용히 교회를 움직여야 한다.


## 7. 지도력에 대한 지침을 확립하라

목회자 부재시에 누가 교회를 운영할 것인가 하는 문제에 대해서는 교회법이 있다.

교회마다 자기 과시에 굶주린 사람들이 지도자의 공백에서 생기는 그 자리를 채우기 위해, 그들이 주도권을 장악하건 안 하건 간에 어슬렁거리기 시작할 것이다. 이전의 목사가 기민한 목회자였다면 그런 사람들을 멀리했었을 것이다. 그러나 이제 갑작스러운 목회자의 부재로 인하여 그런 사람들이 숨어 있다가 이미 상처받은 성도들에게 일대 혼란을 가져다 준다.

어떤 교회에서는 목사가 교회 헌법의 어떤 중요한 내용을 무시해 버린 경우도 있었다. 왜냐 하면 그 목사는 대단히 능력이 있고 인기가 있었기 때문이다. 어느 누구도 그를 원망하거나 책망하지 않았다. 그가 한창 인기가 있고 능력이 있을 때에는 어느 누구도 그를 원망하거나 책망하지 않았다. 그러나 그가 사직하자마자 불만이 표면화되고, 몇몇 제직들은 교회를 인수받을 준비를 하기 시작했다.

사람들은 상황이 제 궤도를 향해 가지 못할 때 책망의 삿대질을 자연스럽게 하게 된다. 그들이 그 일을 했더라면 이런 불상사는 일어나지 않았을 것이라고, 기존 체제에 대해 역행하기 시작한다. 그들의 평가에 잘못이 있을지라도 만일 교회 제직들이 빠른 그리고 단합된 태도로 일 처리를 하지 않는 한 그들의 행동을 저지하기는 대단히 어렵다. 규모 있게 전담 사역을 감당할 수 있는 제직이 교회에는 필요하다.

지도자로서 인정받았던 목사는 떠났다. 그리고 부목사가 자동적으로 그 위치를 수행하지 않게 된다면 누군가가 제직과 교회에 대한 결정권을 가져야 한다. 어떤 교회는 당회를 실행위원회로 정하고 또 어떤 교회는 집사회에서 실무에 일할 수 있는 사람들을 뽑기도 한다.

어떤 사람으로 위원회가 구성되느냐가 문제가 아니다. 중요한 것은, 그러한 위원회가 즉시 합법적으로 구성되느냐 하는 것이다. 평신도 지도자와 교회 직원과 마찰을 가질 시간적 여유가 없다.

어느 교회에서는 주일 아침에 목사 사임 예배를 드린 후에 즉시 저녁 예배를 위한 특별제직회를 지혜롭게 소집하는 교회도 있다. 교인들은 자신들이 알고 있는 교인이 그 일을 맡게 될 것이라는 성급한 확신을 갖게 된다. 결과적으로, 그들의 질의에 대한 답을 필요로 하는 사람들은 그들이 믿을 수 있는 사람들이다.

성범죄로 인하여 목회자가 사임하게 되면 교인들 내에서 엄청난 적의감이 반드시 나타나게 된다는 것을 다시 한 번 경고해야 하겠다. 강력한 지도권이 떠났을 때 행정, 재정, 인선 그리고 교회의 모든 것을 장악하는 한 인물이 흥분한 교인들 중에서 나타나게 될 것이다. 좌절이 교인들의 마음을 휩쓸고 가고 분노의 반응이 여기저기서 나타나게 된다. 그리고 타락한 목회자의 사임의 즉각적인 여파로 인하여 교회 직원들이 또 서로 해를 입히며 서로 위협한다고 알려졌다.

이 시점에서 교회 직원들은 하나님께서 새 목회자를 보내주실 때까지 자기 맡은 사역을 계속하겠다고 하는 재다짐이 필요하다. 교회는 또한 교인의 이탈을 최소한으로 줄여야 한다. 20~30% 정도가 줄어든다.

그러나 대단히 유능한 목사를 잠정적으로 초청하여 능력 있는 직원들과 함께 노력한 결과 오히려 담임 목회자가 있을 때보다 10%의 성장을 보인 교회도 있었다. 솔직히 말해서 이런 현상은 드문 일이다.

## 8. 회복위원회를 준비하라

만약에 교단에서 타락한 목회자에 대한 처리를 하지 않는다고 하면, 교회는 함께 일할 목사와 회복위원회를 구성해야 한다. 그러기 위해서는 목사와 원만한 관계를 맺어 왔고 교인들로부터 존경받아 온 영적으로 성숙한 3~5명으로 구성된 조그마한 모임을 만들 필요가 있다. 장로들이 몇몇 개의 대표직을 가지고 있다 해도 그러한 모임을 장로선에까지만 제한할 필요는 없다. 전교인의 신뢰를 얻고 있는 평신도가 될 수도 있다.

이 위원회의 목적은 목회자의 생활을 다시 재생시키는 것을 도와주는 것이어야 한다. 그의 영적인 생활, 결혼, 가정 생활, 교인들과의 관계, 그리고 그의 사역 등 목회자의 생활을 갱신하는 것이다. 그리고 회복되기까지는 시간이 걸릴 것이다. 이 과정의 최종 목표는 공적인 사역에 대한 목회자의 회복이다.

그러나 목회의 회복은 결코 시작만 해서는 안 된다. 첫 번째 단계는 목회자가 영적인 생활을 재생시킬 수 있도록 돕는 일이다.

만일 목회자와 그의 가족이 영원히 다른 도시로 떠난다면 이 회복위원회는 그리스도의 사랑으로, 목회자의 가족이 다른 도시에 있는 교회 성도들로부터 영적인 도움을 받고 있는지를 계속해서 주시하며 도와주려고 노력해야 한다.

만일 목회자가 떠났다가 그 지역에서 다시 돌아오기를 원한다면 그 도시에 있는 다른 교회에 출석할 것을 권하도록 할 것이다. 그러나 그 목사와 가족을 돕는 임무를 감당하고 있는 그 위원회는 목사와의 끊임없는 관계를 유지해야 하겠다.

9장에서 보면 알겠지만, 크리스천 지도자들의 조사에 의하면 대부분의 타락한 목회자들은 그 도시를 영원히 떠나는 것이 현명하다고 생각하고 있다. 물론 결혼한 자녀나 손자 손녀를 떠나는 것은 목회자나 아내에게 있어 대단히 큰 상처이다.

범죄한 목사를 치리하는 데 있어 교회가 공정히 행해야 그리스도의 몸인 교회에도 유익하다. 그러나 그때 목회자의 영적 생활, 결혼, 그리고 가정 생활을 재생할 수 있도록 도와주어야 한다고 몇몇 교회 지도자들은 제안을 한다.

그리고 후에 그 목회자가 영적으로 성숙한 모습을 보여줄 때 그가 목회 사역에 회복할 수 있도록 다시 교회에 추천할 수도 있는 것이다.

나는 회복위원회의 기능이 매우 중요하다고 생각되며, 그리하여 타락한 목회자의 생활의 재건을 위하여 이 위원회가 수행해야 할 특별한 책임 있는 활동에 대하여 11장 전장을 다 할애하였다. 그러므로 11장을 참조하기 바란다.

특히 이 모임은 전임 목사에 대해 보복감을 보여서는 안 된다. 어느 교회에서는 4명의 남자 교인과 2명의 제직, 그리고 2명의 직원으로 회복위원회를 조직했다. 그런데 2명의 제직이 그 목사가 공적인 죄를 범했으므로 당연히 중한 징계를 받아야 한다고 하면서, 모든 것을 잊은 목사를 그들의 새로 얻은 권력을 이용하여 취조하기 시작했다. 또 평신도 중 한 사람이 그 목사를 비탄에 빠뜨리며 대적했다. 목사에게 더욱더 해를 주고 괴롭히기 위하여 자신의 위치를 이용했다. 도대체 무엇이 회복위원회로 하여금 교회를 어려움에 빠뜨리게 하면서 징계위원회로 바뀌도록 했는지!

오늘날 교회는 시련에 처해 있다. 세계의 이목은 그리스도인들에게 주목되어 있다. 그러므로 영적 지도자가 성적 부도덕에 빠졌을 때 우리는 이러한 상황을 잘 다루어야 할 것이다. 그리고 그 때에 외부 사람들이 우리를 보고 말할 것이다.

"그리스도인들이 서로를 얼마나 사랑하는지 보라."


## 9. 불필요한 지출을 줄이라

목회자의 성적 타락과, 이어지는 사임은 교회 재정에 중대한 영향을 준다. 목회자의 사임 전과 같은 정도의 교회의 수입을 기대해서는 안 되고, 교회 재정을 가지고 쓸데없는 일을 할 시간이 없다. 지혜로운 교회는 예산 삭감을 위해 재정위원회를 구성해야 한다. 언제나 예상할 수 있는 적자를 충당할 예산안 속에는 삭감할 수 있는 부분이 충분히 있다.

전임 목회자에게 완전히 의존해 오던 그런 목회 사역 분야들의 예산을 삭감하는 것으로 시작한다. 텔레비전이나 라디오 방송 설교는 교회의 보조가 있었을 것이다.

단지 목회자에게만 특별히 필요했던 직원은 해고할 수도 있다.

어느 큰 교회는 불과 몇 달 만에 예산에서 엄청난 손실을 겪는 교회도 있었다. 이 글을 쓰고 있는 지금까지도 그들은 아직 목회자를 초청하지 못하고 있다.

출석률이 20퍼센트 떨어지는 반면에, 예산은 5퍼센트 이하로 떨어진다. 얼마나 놀라운 사실인가? 그들은 적극적인 목회 사역을 해내고 있다. 왜냐 하면 가장 유능한 직원을 보유하고 있기 때문이다. 마침내 새로 목회자가 부임해 오게 되면, 1년 이내에 그 교회는 다시 출석률도 정상으로 회복되고 승승 장구 목회 사역이 진행될 것이라고 나는 예측한다.


## 10. 용서, 충성심, 사랑과 기도를 강조하라

지도자의 타락 후 어려운 몇 달 동안, 교인들에게는 용서, 충성심, 사랑, 그리고 기도의 4가지 중요한 성경적인 가르침이 필요하다.

첫째는 용서이다. 용서는 분노하고 좌절하고 악몽에 시달린 교인들에게 전임 목회자의 범죄에 대한 후유증을 극복할 수 있게 해준다.

둘째, 설교를 통해서 성경의 가르침을 통하여 사랑의 필요와 책임을 강조해야 한다. 우리 주님, 주님의 교회, 교인 모두, 그리고 목회자의 가족에 대한 사랑을 보이도록.

셋째, 교회에 대한 충성심의 필요성을 강조해야 한다. 어려운 처지에 있는 교회를 외면할 시기가 아니다. 교회를 위해 기도했고, 섬겨왔고 여러 모로 교회에 헌신할 교인들은 어느 때보다 더욱더 잘 섬겨야 한다. 그리고 교회와 사역에 있어서 새로 부임해 오는 목회자가 부임해도 적어도 1년 이상 신뢰를 회복하는데 시간이 걸린다는 것을 그들에게 알린다.

그 다음 네 번째, 전교인이 기도하도록 권하라. 모임별로, 가족 단위로, 개인별로 기도회 모임을 가지도록 하라. 목사가 없을 때 교회는 시험들기가 쉽다. 그러나 기도로써 울타리를 칠 수가 있다.


## 11. 인내하라

하나님은 결코 서두르지 않으신다. 하나님은 우리의 삶 속에 어려움을 주셔서 당신께 가까이 가도록 하신다. 만일 교인들이 그 강력한 지도력이 있는 목회자에게 많이 의지해 오고 있었다면 주님 대신 그를 의지해 온 것이다.

이런 필요한 체험을 통하여 진정으로 의지해야 할 분에게 교인들이 의지하도록 한다. 그리고 그것은 시간을 요한다. 많은 교인들이 자신들을 실제적으로 인도할 적절한 후계자를 주님께 보내 달라고 기도하며 기다리고 있는데, 이는 영적으로 부유한 상태이다.

장래에 주의 일을 위하여 보다 큰 믿음을 가지고 심령을 강하고 담대하게 키워야 하겠다.

## 12. 쉬지 말고 교회의 모든 사역을 진행하라

45년간 목회를 해온 팔머(E. W. Palmer) 박사는 내가 가장 존경하는 목회자 중 한 분이시다. 실제로 그 분은 나의 친척 아저씨이기도 하다. 한번은 그 분이 나에게 이런 충고를 하셨다.

"팀(Tim), 교인들에게 계속 일을 계획하고 행하도록 하거라. 그렇지 않으면 너 자신이 교인들의 일거리가 된다."

이것은 사실이다. 만일 목회자 없는 교회에서 목회자가 청빙될 때까지 새로운 사역을 지연시킨다든지 잘못된 지론을 받아들이면, 그들은 서로 싸우기 시작하고 서로 자리 다툼만 하고 만다. 지역 사회를 섬기고 복음 전파의 위대한 사명을 수행하도록 그들의 시야를 높은 데 두어야 한다.

구원받지 못한 사람들이나 언제나 정도를 벗어나서 가는 교인들은 목회자가 청빙되어 그들을 인도하기 전에 다른 교회로 갈 수도 있다.

그러나 이때는 또한 가가 호호 전도하며 방문하는 것이나, 성경 공부를 가르치는 사역이나, 그들이 있는 그곳에서 다른 방법으로도 주님을 섬기는 일에 한 번도 참여하지 않았던 많은 성도들을 참여시킬 수 있는 이상적인 시기이기도 하다.

또, 목회자가 떠나기 전에 계획했던 일을 시작해야 할지, 목회자가 사임할 때 이미 하고 있던 몇 가지 특별한 프로그램을 진행해야 할지 많은 교회들이 망설이게 된다. 가능하면 그러한 계획들을 취소하지 말라. 잠정적으로 사역을 맡아 줄 목회자는 하나님께서 그들의 사역

속에서 그들을 계속 사용하실 수 있도록 기도와 노력을 배나 해야 한다. 또 영적으로 교인들을 위로하기 위하여 특별한 모임을 생각할 수도 있다.

내가 샌디에고에서 목회하고 있을 때, 목회자가 없는 두 교회에서 일주일 동안 목회 사역을 감당해 달라고 부탁하는 전화를 받았다. 나와 아내는 비행기로 그곳에 갔다. 그들은 나에게, 나는 청빙 목사 후보가 아니라는 사실을 분명히 밝혔다. 그러나 신임 목회자가 청빙되기 전에 교인들의 영적 각성을 위하여 내가 필요하다고 말했다. 나는 그들의 생각에 감명을 받고 진지하게 승낙했다.

교회는 지도자 의존형이 되어서는 안 된다. 가끔 우리 목사들은 하나님이 없어서는 안될 분이라는 사실을 망각하고 우리가 없어서는 안 될 존재라고 생각한다. 대변할 예언자가 없었을 때 하나님께서는 당나귀를 사용하셨다. 목회자가 없는 경우라 할지라도, 하나님께서 쓰시고자 하신다면 어느 교회든 당나귀보다 나을 것이다.

## 제 7 장

# 성경은 목회자의 회복에 대해 무엇이라 말하고 있나?

성경 구절 어디에도 타락한 목회자의 공적인 사역 회복을 인정하거나 또는 금지하는 규정이 명백하게 제시되어 있지 않다. 이런 이유로 인하여, 다른 성경적인 문제에 대해 근본적으로 의견을 같이하며 성경을 하나님 말씀으로 믿는 크리스천 지도자들 사이에 이 문제에 대해 다양한 의견이 대두되고 있다.

첫 번째 부류는, 성도와 하나님께서 위임하신 성스러운 분부를 배반한 목사는 다시는 설교할 수 없다는 주장을 하며, 몇몇 성경 구절을 가지고 내세우는 부정적인 경우이다.

두 번째 부류는, 하나님께서 용서 못할 죄가 없다고 반응을 보이면서 성경에 특별히 이를 금지시키는 구절이 없다고 주장한다. 그들은 또한 하나님은 제2의 기회를 허락하는 하나님이시라고 성경이 가르치고 있다고 믿는다. 성경상의 대부분의 인물들은 어떤 형태로든 죄에 빠졌던 일이 있었고, 하나님께서는 그들을 용서하시고 계속 강력하게 그들을 사용하셨다.

세 번째 부류는 타락한 목사에게 회복할 수 있는 일정한 유예기간을 준다. 그 목회자가 이와 비슷한 사역에 다시 회복될 수 있는지를 결정하기 위하여 그 경우를 개인적으로 생각해야 한다고 주장한다. 몇 가지 원인을 생각한다. 그 죄를 범한 횟수, 그 죄를 범한 기간, 관련된 사람들, 그의 죄가 폭로되기 전에 회개했는지에 대한 여부 등.

교단들마다 이 문제에 대해 입장이 일치되지 않고 있다. 목회자의 간음죄가 공적으로 폭로되면 율법적인 면을 지향하는 교인들은 그 목회자의 사역이 끝이 났다고 결론내린다. 전통적으로 사랑과 은혜를 강조해 온 교단에서는 진실로 회개하고 적절한 징계 기간을 가진 후에 회복을 인정한다.

어느 입장을 취하느냐를 결정하기 전에, 타락한 목사가 목회에 다시 회복하여 사역할 수 있는지 없는지에 관하여 지침을 줄 성경 말씀을 기도하며 생각해 보자.

## 잠언은 간음에 대해
## 무엇이라고 말하고 있는가?

하나님께서는 간음죄를 너무 미워하셔서 구약성경에서는 주된 죄로 여기셨다. 우리가 언급한 것처럼, 경건한 지혜서인 잠언에서 하나님께서는 간음의 결과에 대해 많은 말씀을 하셨다. 다음 말씀을 생각해 보자.

"음녀로 말미암아 사람이 한 조각 떡만 남게 됨이며 음란한 여인은 귀한 생명을 사냥함이니라 사람이 불을 품에 품고서야 어찌 그의 옷이 타지 아니하겠으며 사람이 숯불을 밟고서야 어찌 그의 발이 데지 아니하겠느냐 남의 아내와 통간하는 자도 이와 같을 것이라 그를 만지는 자마다 벌을 면하지 못하리라"(잠 6 : 26-29).
"여인과 간음하는 자는 무지한 자라 이것을 행하는 자는 자기의 영혼을 망하게 하며 상함과 능욕을 받고 부끄러움을 씻을 수 없게 되나니"(잠 6 : 32-33).
"여러 가지 고운 말로 유혹하며 입술의 호리는 말로 꾀므로…… 네 마음이 음녀의 길로 치우치지 말며 그 길에 미혹되지 말지어다 대저 그가 많은 사람을 상하여 엎드러지게 하였나니 그에게 죽은 자가 허다하니라 그의 집은 스올의 길이라 사망의 방으로 내려가느니라"(잠 7 : 21, 25-27).

이상의 성경 구절의 표적은 창녀이며, 창녀(물론 타락한 목회자라 해도 이런 경우는 좀처럼 나타나지 않는다)와 함께 지낸 남자에게 어떠한 일이 일어나고 있는가를 말하고 있다. 그런 남자에게는 다음과 같은 결과가 뒤따르게 된다.

- 그는 반드시 처벌된다.
- 심판이 불가피하다.
- 자신을 파괴한다.
- 저주와 치욕의 운명이다.
- 그의 수치는 결코 지워지지 않을 것이다.

　간음이 엄청난 결과를 가져온다는 것은 부인할 수 없는 사실이다. 그리고 그 결과는 모두 좋지 않은 결과이다. 비록 그들의 사역이 다시 회복된다 하더라도 일찍이 타락한 목회자들이 그 죄에 대한 엄청난 값을 치르는 것을 보아 왔다.

　잠언 6 : 32의 "자기의 영혼을 망하게 하며"를 어떤 사람은 "사역에 회복할 수 없다"라는 말씀으로 해석하는 이도 있다.

　이에 대해 나는 솔로몬의 아버지 다윗을 지적하고 싶다. 그는 솔로몬의 어머니와 간음죄를 범하였다. 그녀는 그 당시 남의 아내였다. 그러나 다윗은 왕으로서 사역을 계속했고, 메시아의 가문이었던 차기(솔로몬) 왕을 그 여인이 출산할 수 있도록 허락하셨다.

## 목회자의 성경적 자질

신약성경에서 사도 바울은 목회자가 되려는 사람에게 요구되는 자질에 대하여 다음과 같이 열거하고 있다.

"그리스도 예수의 종 바울과 디모데는 그리스도 예수 안에서 빌립보에 사는 모든 성도와 또한 감독들과 집사들에게 편지하노니…… 내가 기도하노라 너희 사랑을 지식과 모든 총명으로 점점 더 풍성하게 하사 너희로 지극히 선한 것을 분별하며 또 진실하여 허물 없이 그리스도의 날까지 이르고……모든 일을 원망과 시비가 없이 하라 이는 너희가 흠이 없고 순전하여 어그러지고 거스르는 세대 가운데서 하나님의 흠 없는 자녀로 세상에서 그들 가운데 빛들로 나타내며……"(빌 1 : 1, 9-10 ; 2 : 14-15).

"너는 이와 같이 젊은 남자들을 신중하도록 권면하되 범사에 네 자신이 선한 일의 본을 보이며 교훈에 부패하지 아니함과 단정함과 책망할 것이 없는 바른 말을 하게 하라 이는 대적하는 자로 하여금 부끄러워 우리를 악하다 할 것이 없게 하려 함이라……모든 사람에게 구원을 주시는 하나님의 은혜가 나타나 우리를 양육하시되 경건하지 않은 것과 이 세상 정욕을 다 버리고 신중함과 의로움과 경건함으로 이 세상에 살고"(딛 2 : 6-8, 11-12).

"미쁘다 이 말이여, 곧 사람이 감독의 직분을 얻으려 함은 선한 일을 사모하는 것이라 함이로다 그러므로 감독은 책망할 것이 없으며 한 아내의 남편이 되며 절제하며 신중하며 단정하며 나그네를 대접하며 가르치기를 잘하며 술을 즐기지 아니하며 구타하지 아니하며 오직 관용하며 다투지 아니하며 돈을 사랑하지 아니하며 자기 집을 잘 다스려 자녀들로 모든 공손함으로 복종하게 하는 자라야 할지며 사람이 자기 집을 다스릴 줄 알지 못하면 어찌 하나님의 교회를 돌보리요 새로 입교한 자도 말지니 교만하여져서 마귀를 정죄하는 그 정죄에 빠질까 함이요 또한 외인에게서도 선한 증거를 얻은 자라야 할지니 비방과 마귀의 올무에 빠질까 염려하라"(딤전 3 : 1-7).

이 말씀을 근거로 목회자를 위한 자질을 다음과 같이 작성할 수 있다.
- 책망할 것이 없어야 한다.
- 한 아내의 남편이어야 한다.
- 절제해야 한다.
- 신중해야 하며,
- 단정하며,
- 외인에게 선한 증거가 있어야 하며,
- 선을 행하여야 하며,
- 온전해야 하며,
- 불경건과 세상 정욕을 거부할 줄 알아야 한다.

목회자가 이 기준에 부족하면 교회를 잃게 되고 공적으로 굴욕을 당하게 된다. 진실로 회개하고, 하나님의 용서를 받아들이고, 영적 생활을 회복하고, 간증을 하며, 다시 그의 성실성을 재다짐하면, 그 목회자는 다시 사역에 임할 수 있게 되는가?

베드로가 율법주의로 돌아가려는 것을 사도 바울이 공중 앞에서 책망하였는데(갈 2：11-14), 그러한 정면 충돌이 베드로의 사역을 멈추게 하지 않았다고 어떤 이들은 말하는가 하면, 또 다른 사람들은 이와 반대로 "만일 베드로가 도덕적인 죄를 범하였으면 그는 사도직을 잃었을 것이다"라고 하는 이도 있다. 또 어떤 사람은 "그는 분명히 책망할 것이 있었다"라고 말하면서, 그 이유를 "게바가 안디옥에 이르렀을 때에 책망받을 일이 있기로 내가 그를 대면하여 책망하였노라"라는 갈라디아서 2：11 말씀을 들고 있다.

목회 사역 기간 동안 책망받을 것이 없다는 이야기가 실제로 가능한가? 물론 목회자는 간음을 하지 않을 수 있다. 그러면 다른 죄는 없는가? 교만은 어떤가? 이 죄는 하나님께서 미워하시는 일곱 가지 죄악 중 하나이다.

나는 하나님께서 역경을 주셔서 겸손하게 만드실 때까지 교만으로 우쭐거리고 살았던 친구들을 알고 있다. 교만스럽게 사는 동안 그들은 책망을 받지 않았다. 교만스럽게 사는 동안 계속해서 일해야 하는 목회 사역으로부터 그들의 자격을 박탈해야 할 것인가? 적절한 징계를 받은 후에도 계속해서 타락하기를 멈추지 않는 동료에게 그러지 말고 돌아서기를 권하는 우리 주님이 "죄 없는 자가 먼저 돌을 던지라"라고 하신다면, 이에 반발하여 떠나는 자가 누구일까?

## 성경에서 말하는 회복

성경은 목회자의 회복 문제에 대하여 어떻게 말씀하고 있나? 확실하게 어떻게 하라는 말씀은 없다. 그러나 우리는 다음의 말씀을 통하여 통찰력을 가질 수 있다.

"형제들아 사람이 만일 무슨 범죄한 일이 드러나거든 신령한 너희는 온유한 심령으로 그러한 자를 바로잡고 네 자신을 살펴보아 너도 시험을 받을까 두려워하라 너희가 짐을 서로 지라 그리하여 그리스도의 법을 성취하라"(갈 6 : 1-2).

신약의 교회는 형제들의 회복을 말하고 있으나 그것에 목회자도 포함되느냐에 대해서는 언급을 피하고 있다. 반면에 포함이 안 된다고 믿을 만한 이유도 없다.

우리의 주님은 베드로가 세 번씩이나 예수님을 부인한 후에도 베드로를 회복시키셨다. 주님을 세 번씩이나 부인한 것이 좋은 경우가 된다. 그러한 맹세를 한 것이 간음죄보다 더 나쁘지 않은가?

"하나님의 은사와 부르심에는 후회하심이 없느니라"(롬 11 : 29).

이 구절이 이스라엘을 하나님께서 부르시는 무게 있는 교리적인 구절에서 인용된 것이지만, 이 말씀을 독특한 하나님의 원칙 중 하나가 아니라고 말할 수 있는가? 타락한 목사 중 어떤 이들은 이 말에 도전하여 적절한 시기에 다시 그의 사역으로 돌아와 수년 동안 훌륭하게 주님을 섬기고 있다.

## 제안

이 장에서 언급한 성경 구절은 목회 사역으로의 회복을 찬성하는 견해와 반대하는 견해를 실제적으로 나타내기 위하여 쓰여진 보편적인 말씀이다. 다음 장에서는 범죄한 후 두 번째 기회가 주어진 성경의 인물의 삶을 관찰함으로써 우리의 통찰력에 도움을 주고자 한다.

9장과 10장을 읽기 전에 조심스럽게 이 장과 8장을 공부하라. 10장에서는 나와 마찬가지로 크리스천 지도자들의 입장을 설명했다. 마지막 분석으로는 성경을 공부해야 하고, 기도해야 하고, 결정해야 한다.

# 제 8 장

## 하나님께서 두 번째의 기회를 주신 성경의 인물들

그들에게 일어난 이런 일은 본보기가 되고 또한 말세를 만난 우리를 깨우치기 위하여 기록되었느니라(고전 10 : 11)

성경 시대나 현대의 인간성을 연구하면 할수록 "왜 하나님께서는 모든 인류에게 주님의 복음을 전달하는 중요한 사역에 우리를 사용하시는가?" 하는 의구심이 생기게 된다. 간혹 천사들이 주님의 명령을 더욱더 충성스럽게 순종하며 이행할 수 있을 것이라는 생각을 했었다.

또 하나의 생각은 루시퍼에 대한 것이었다. 그는 높은 위치에 있는 천사였는데 하나님의 권위에 도전하여 첫 번째 반역 집단을 조직함으로써 영원한 축복을 박탈당하고 말았다.

성경에 나오는 인물들의 약점을 보면서 나는 현대인의 인간성에 그다지 환멸을 느끼지 않는다.

구약성경에 하나님께서 사용하신 대부분의 사람들이 넘어졌다. 특히 도덕적인 면에 있어서 그들에게서 배울 수 있는 특이한 교훈 중 하나는, 우리를 용서하시고 화해하시는 거룩하신 하나님은 다음과 같은 분이라는 것이다.

"주께서는 은혜로우시며 자비로우시며 노하기를 더디하시며 인애가 크시사 뜻을 돌이켜 재앙을 내리지 아니하시는 하나님이신 줄을 내가 알았음이니이다"(욘 4 : 2).

## 두 번째의 기회를 주시는 하나님

뉴잉글랜드에서는 어린아이들에게 글씨를 가르칠 때 처음 읽히는 것이 이것이다.

"아담의 타락으로 우리 모두 죄를 범했다."

아담의 주된 죄는 간음죄가 아니었다. 그는 하나님께서 부여하신

임무를 감당하지 못한 그릇된 종 가운데 주요 인물이다. 그는 금단의 열매를 먹지 말라는 명령을 받았다. 그러나 그는 교묘히 그것을 먹고 말았다.

에덴 동산에 사는 동안, 아담에게는 땅을 다스리라는 궁극적인 임무가 주어졌다. 그러나 그는 하나님의 뜻을 잘 알면서도 그 뜻을 배반하였고, 그 결과 낙원에서 쫓겨나게 되었다. 그때 하나님께서 아담과 하와를 처단하시고 완전한 사람의 새로운 종족을 만드실 수도 있었다.

그러나 그 대신 하나님께서는 아담과 하와에게 두 번째 기회를 주셨다. 하나님께서는 주님의 뜻을 이루시기 위하여 이들 범죄한 부부를 사용하셨다. 뿐만 아니라 살인자인 그들의 아들 가인에게도 하나님을 섬기도록 두 번째 기회를 주셨다. 그러나 그는 더욱더 반역함으로써 그 기회를 박탈당하고 말았다.

성경을 읽으면서 나는, 암암리에 주님께서는 주님께 순종했던 사람들보다도 큰 죄를 범했던 사람들을 더 많이 사용하셨음을 발견하게 되었다. 아주 분명한 것은, 불순종은 너무 사악하여 하나님께서는 오직 몇몇 의로운 사람들로만 주님의 계획을 수행하게 하셨다는 것이다.


의로운 자들의 기록은 짧다

성경에서 말하고 있는 참으로 하나님의 의로운 자들의 목록을 만들어 본 적이 있는가? 가장 대표적인 인물이 에녹이다. 365세까지

산 홍수 전의 예언자였던 그는 하나님의 뜻대로 살았기 때문에 육체적 죽음을 보지 않고 하늘나라로 직접 간 성경의 2명의 인물 중 한 사람이 되었다. 에녹에 대한 더 이상은 상세한 기록이 없어 잘 모르지만 한 가지 가장 중요한 것은 알고 있다. 그가 하나님과 동행하였다는 것이다.

그 다음 노아가 있다. 방주를 만든 충성스러운 예언자인 그는 120년 동안 하나님을 믿지 않던 사람들에게 복음을 전했다. 이 의로운 전도자(벧후 2:5)는 의인이요 당대에 완전한 자였으며 하나님과 동행하였다(창 6:9).

창세기 마지막 부분에서는 구약성경의 어느 인물보다 도덕적으로 흔들리지 않고 열정적인 지도력을 나타낸 뛰어난 젊은이의 모험적인 삶이 나타나고 있다. 야곱과 라헬 사이에 태어난 요셉이 바로 그다. 그는 집에서나 애굽에서나 하나님을 저버리지도, 믿음을 저하시키지도 아니하고 말할 수 없는 변화를 견뎌 냈다.

그의 형제들의 분노를 자극시킨 꿈으로부터 이야기는 시작된다. 형제들로부터 버림받고, 애굽에서의 종살이, 보디발의 아내의 유혹과 거짓말, 그의 주인의 부당한 분노, 떡 굽는 관원장의 무관심, 그러나 인내와 꿈 해몽 은사를 활용함으로써 그는 바로 왕의 권력에 오르게 되며, 흉년을 겪어야 하는 그 나라를 잘 다스리게 된다. 그의 성공의 정상에서, 악을 악으로 갚을 수 있었지만, 그는 가족을 향한 은혜로운 사랑의 정신과 용서의 태도를 보여주었다.

요셉은 용감하게 견뎌 내면서 하나님께서 그에게 주신 은사를 지혜롭게 사용하였다. 그리고 그의 가족에 대한 믿음을 사랑으로 하나 되도록 변화시켜 놓았다. 그는 악한 여인의 간계에 넘어가거나 복수심에 희생되지도 않았다. 성경은 요셉을 믿음과 성실한 인물의 모범적인 인물로 높이 평가하고 있다.

사무엘은 예언자이자 사사이며 선지자로서, 성경에는 부정적인 평가가 전혀 없는 경건한 하나님의 종이었다. 백성들이 왕을 요구할 때까지 그는 이스라엘 백성의 사사로서 가장 어려운 시기에 한때 그들을 인도하였다. 사무엘은 첫 번째 두 왕인 사울과 다윗을 왕으로 임명하고 그들에게 국가를 이끌도록 했다. 그의 일생 다가도록 그는 충성스럽게 하나님을 섬겼다.

다음으로 다니엘이 나온다. 경건하고 영적으로 민감하여 도덕적으로 깨끗한 젊은이, 문화적인 갈등으로 그를 싫어하는 사람과 이방의 관원들과 사나운 사자에 포위되었지만, 그는 영적인 능력과 하나님께서 주시는 지혜로 이 어려움을 극복하였다. 그러나 모범 되는 다니엘이 십대에 궁중 내시가 되었고, 그러므로 그에게는 성적인 유혹이 있을 수 없다고 지적할 수도 있을 것이다.

이상의 인물들 외에도 도덕적으로 순결한 구약의 많은 인물들을 찾아볼 수 있다. 엘리야, 엘리사, 예레미야, 이사야 같은 예언자들, 요시야 같은 왕들, 그러나 그들의 기록은 얼마되지 않는다.

# 불의한 자들의 기록은 길다

역사상 하나님께서 사용하신 수많은 인물들 가운데 지배적으로 대다수 인물이 타락한 종들이었다. 아담과 하와의 자손으로서뿐만 아니라 그들의 자유로운 의지를 발휘하여 그들은 죄를 선택했다. 대부분의 경우, 하나님께서는 그들의 삶에서 주님의 손길을 옮기지 않으셨다. 참으로 그들은 자신이 행한 죄에 대해 개인적으로 엄청난 고통을 당함으로써 그의 가족과 친족에게까지 미치게 되는 무서운 죄값을 치렀다. 그렇게 실패한 후에 하나님의 두 번째 기회가 그들에게 주어졌다.

## 아브라함-간통자

신약성경에서는 아브라함이 하나님의 특별한 은혜를 받았다고 기록하고 있으며, 구약성경에서도 어느 인물보다 아브라함에게 많은 지면을 할애하고 있다. 그는 두려움을 극복하고 성장하여 믿음의 뛰어난 전형적인 인물이 되었는데, 신약성경은 그에 대하여 다음과 같이 말하고 있다.

"하나님을 사랑하매(믿으매) 그것이 그에게 의로 여겨진 바 되었느니라"(롬 4 : 3).

그런데 아브라함은 그의 아내의 종인 하갈과 간통하였다(창 16 :

2-4). 아브라함이 하나님의 뜻을 성취시키기 위하여 몸종인 하갈을 취하도록 아내로부터 강요당했다는 사실은 그가 범한 간음죄에 대한 용서받을 만한 구실이 못 된다. 왜냐하면 아브라함은 그것이 죄가 된 다는 것을 누구보다 잘 알고 있었기 때문이다. 그는 아내가 하갈과의 동침을 강요했을 때 어떤 반박도 하지 않았다.

죄악의 선택의 결과 아브라함과 사라와 또 하갈과 이스마엘 이후 수백만의 사람들이 엄청난 고통을 겪었고, 지금까지 그 고통은 계속 되고 있다. 아브라함이 하갈과 간음하지 않고 아랍족의 조상이 되지 않았더라면 오늘날 세계를 엄청나게 달라졌을 것이다.

그러나 하나님께서는 그가 간음한 후에도 히브리 민족의 조상이 되게 하시는 하나님의 뜻을 이루도록 그를 사용하셨다.

### 모세–살인자

모세는 성경에서 가장 위대한 사람 중 한 사람이다. 하나님께서는 이스라엘 백성을 약속의 땅으로 인도하실 때 그를 통해서 인도하셨 으며, 뿐만 아니라 그를 통해 하나님의 법인 십계명을 주셨다.

그러나 모세는 화를 잘 다스리지 못한 데 문제가 있었다. 애굽인과 자기 백성이 싸우는 것을 보았을 때 그는 그 애굽인을 죽였다. 그 후 십계명을 받고 산에서 내려와서 부도덕한 백성들을 보았을 때에도 그는 분노하여 주님께서 친히 기록해주신 십계명 돌판을 집어던져 산산조각나게 했다. 그러나 그는 애굽인을 죽인 후에 이스라엘 백성을 구원하시려는 하나님의 계획 안에서 유명한 지도자가 되었다.

이스라엘 백성과 모든 그리스도의 몸 된 교회는 하나님께서 제2의 기회를 주신 것에 대해 감사해야 한다. 그러나 하나님께서는 우리가 죄에 탐닉하는 데 제한을 두신다.

여러 차례 모세의 분노가 있은 후, 모세는 또 분노를 폭발하고 말았다. 하나님께서 모세에게 반석을 향하여 말하라고 하셨을 때 그는 분노하여 바위를 쳤다. 이런 불순종으로 인하여, 모세는 약속의 땅에 들어갈 수가 없었다.

구약성경에 있어서 사울, 삼손 그리고 그 밖의 인물들과 모세의 일생에서 우리는 중요한 교훈을 배우게 된다. 단순한 죄로 인하여 하나님의 소명을 상실하는 것이 아니라, 오랜 기간을 통하여 죄를 반복하게 되어 하나님의 부르심을 상실하며, 근본적으로 하나님의 뜻을 반역하게 된다는 것이다.

## 삼손—음란한 자

주일학교를 다닌 사람은 초능력을 소유했던 하나님의 특별한 종 삼손의 이야기를 기억할 것이다. 삼손은 단번에 이스라엘을 대적하는 블레셋 군사를 1,000명씩이나 죽인 전쟁 용사였다.

그러나 그는 방종으로 말미암아 귀한 은사를 잃어버리고 말았다. 초기에 그는 교만하였고 노름장이였으며, 노름 빚을 갚기 위하여 30명을 죽여 그 옷을 벗겨 빚을 갚기도 했다. 그는 성적으로 음란하고 부도덕하였으며 마침내는 술을 먹고 머리카락까지 잘리게 되어 나실인의 선서를 깨게 되었다.

그가 하나님과의 언약을 어겼을 때 하나님께서는 더 이상 그에게 능력을 주지 않으셨다. 삼손은 자기의 죄 값을 비싸게 치렀다. 그는 블레셋 사람들에 의해 눈이 뽑혔고, 그의 원수의 감옥에서 연자맷돌을 돌려야만 했다.

그러나 하나님께서는 그의 기도의 응답으로 다시 한 번 그에게 특별한 능력을 주셨고, 그에게 제2의 기회가 주어졌다. 이방신의 축제가 절정에 이르렀을 때, 하나님께서는 그가 죽을 때 그의 일생동안 죽였던 사람보다 더 많은 사람을 죽일 수 있도록 하셨다.

삼손의 비극적 이야기는 마치 오늘날 타락한 지도자를 묘사하는 것 같다. 죄에 비례하여 그 심판으로 하나님께서 신실하게 그를 사용하시는 기간이 줄어들게 되었다. 그리고 충분한 회개와 재생 후에 하나님의 은총을 다시 얻을 수 있었다. 그러나 도덕적으로는 순종하여 주님께 나아갈 수 있었더라면 그는 죽을 운명에 빠지지는 않았을 것이다.

### 다윗 왕—특수한 죄인

구약성경 인물 중에서 가장 뛰어난 사람인 다윗은 하나님의 마음에 맞는 사람이라고 불리고 있다. 그의 시편은 시련과 연단을 만나는 수백만 명의 그리스도인에게 풍부한 영적 축복의 자원이 되어 왔다.

그러나 그의 죄의 극악성으로 볼 때, 다윗은 성경에 나오는 지도자들 가운데 가장 부도덕한 죄를 범한 인물이다.

학자들이 그의 생애 18개월을 연구했는데 다윗의 죄의 형태는 점진적으로 악한 죄를 범한 인물(작은 죄에서 시작하여 큰 죄인 간음죄까지 범하는 크리스천 지도자)의 표본이다. 성경은 중년의 위기이며 왕관을 쓰고 늘 같은 생활을 반복하고 있을 때의 그의 상황을 다음과 같이 묘사하고 있다.

"그 해가 돌아와 왕들이 출전할 때가 되매 다윗이 요압과 그에게 있는 그의 부하들과 온 이스라엘 군대를 보내니 그들이 암몬 자손을 멸하고 랍바를 에워쌌고 다윗은 예루살렘에 그대로 있더라 저녁 때에 다윗이 그의 침상에서 일어나 왕궁 옥상에서 거닐다가 그곳에서 보니 한 여인이 목욕을 하는데 심히 아름다워 보이는지라 다윗이 사람을 보내 그 여인을 알아보게 하였더니 그가 아뢰되 그는 엘리암의 딸이요 헷 사람 우리아의 아내 밧세바가 아니니이까 하니 다윗이 전령을 보내어 그 여자를 자기에게로 데려오게 하고 그 여자가 그 부정함을 깨끗하게 하였으므로 더불어 동침하매 그 여자가 자기 집으로 돌아가니라"(삼하 11 : 1-4).

백성들을 전투에서 이끄는 대신 다윗은 자만으로 인하여 자기 만족에 빠지고, 전투에 나가는 대신 부하를 보내어, 만일 하나님의 뜻을 수행했더라면 접할 수 없었던 음욕에 빠지게 되었다. 음욕과 욕심으로 인해, 모든 결혼한 남성들을 위해 하나님께서 확립해 놓으신 법을 어기려는 마음을 갖게 되었다. 그는 다른 사람의 아내를 빼앗았다. 그리고 그 일로 인한 자신의 죄를 덮으려고 필사적으로 시도하였다. 마침내 그 시도는 거짓과 배신과 심지어 살인으로까지 발전되었다.

다윗은 풀어 놓아질 수 있는 인간의 약점이 잠재되어 있는 인물의 전형적인 사람이었다. 잘못된 선택으로 인하여 색욕에 이르고 그것이 잉태되고 그리고 죄를 낳게 되었다(약 1 : 15 참조).

죄를 범한 다윗의 생애를 가까이서 자세히 살펴보게 되면 더욱 많은 증거를 찾게 된다.

"사악한 자의 길은 험하니라"(잠 13 : 15).

다윗이 범죄한 후 엄청난 비극이 다윗을 뒤따랐다. 다윗과 그의 온 가족은 그의 부도덕의 죄에 대해 대가를 엄청나게 치렀다. 다윗은 남은 그의 생애 타락한 지도자로 알려졌다. 그리고 나단 선지자는 다음과 같이 말했다.

"이 일로 말미암아 여호와의 원수로 크게 비방할 거리를 얻게 하였으니 당신이 낳은 아이가 반드시 죽으리이다 하고"(삼하 12 : 14).

그러나 죄를 범한 후의 다윗의 삶에서 우리는 비록 하나님의 종을 심판하신다 할지라도 징계만을 남기지 않으신다는 본을 볼 수 있다. 다윗의 생에 있어서 생산적인 사역의 많은 부분에 그의 죄와 회개가 따른다.

이 사건 이후 그는 이스라엘 왕국을 더욱더 강화하여 30여 년을 다스렸다. 그는 성전건축을 계획하고 그 성전을 건축하기 위해 필요한 재료를 수집하였다.

다윗의 타락 후 다윗은 절망에 처해 있는 수백만의 성도들에게 도움을 줄 수 있는 시편을 기록하였다. 그가 이스라엘의 국부가 되고 차기 왕을 양성하던 시기도 이때였다. 가장 놀라운 사실은, 그와 간음했던 여인이 그 다음 왕인 솔로몬의 어머니가 되었다는 사실이다.

하나님의 용서의 폭은 측량할 수 없다.

## 요나-배반과 불순종의 선지자

성경에는 요나의 개인적인 부도덕에 대해서는 기록해 놓고 있지 않다. 그러나 그는 하나님의 뜻을 알면서도 불순종한 것으로 확실히 유명한 사람이다. 하나님께서는 요나에게 니느웨로 가라고 분명하게 말씀하셨으나 그는 반대편인 다시스로 가는 배를 탔다. 그러한 명백한 불순종에는 변명의 여기가 없다.

하나님은 니느웨 사람들이 회개하고 돌아오기를 원하셨으며, 그 결과 전 문화권을 뒤바뀌게 할 도덕적, 영적 부흥의 축복을 계획하셨다.

그러나 요나는 그렇게 되는 것을 거부하였다. 그는 국수주의적이며 옹졸한 사람이었다. 그는 수세기 동안 이스라엘 백성들을 괴롭히는 니느웨 사람들을 미워했다. 그는 그들이 돌아와 하나님의 심판의 운명을 벗어나는 것을 원치 않았다.

요나가 반역하여 반대 방향인 다시스로 가는 배에 승선하였을 때 하나님께서는 심판의 폭풍을 보내셨다. 선원들은 그를 바다에 던지고 큰 고기에 삼켜지게 했다. 3일 낮과 밤의 기도와 통회로 고기는 육지에 요나를 토해 냈다. 마침내 요나는 하나님의 명령대로 니느웨 사람들의 회개와 심판을 전파하는 지시에 순종하였다. 이제 이 순종한 설교자는 역사상 가장 큰 부흥을 체험했다.

"니느웨에는 좌우를 분변하지 못하는 자가 십이만여 명이요"(욘 4 : 11). 니느웨에는 이와 같은 자들이 있었으며, 이들에게 부흥의 역사를 허락하셨다. 어떤 주석학자는, 이 숫자는 오직 어린아이만 말한다고 하면서 수백만 명의 니느웨 사람들이 회개하고 하나님께 돌아왔다고 한다. 어떤 설교자들이 그와 같은 결과를 좋아하지 않겠는가?

그러나 서술적 이야기는 끝이 난다. 요나는 기뻐하지 않았다. 왜냐 하면 그는 니느웨 백성들이 그의 백성을 핍박한 대가를 받기를 원했기 때문이었다. 하나님의 명령에 불순종을 한 후에도 믿을 수 없는 방법으로 하나님께서는 두 번째 기회를 통하여 그를 사용하셨다. 만일 그가 전적으로 순종하는 예언자였더라면 니느웨에 복음을 전하고 무엇을 했을까?

### 베드로-배반자

친구의 타락 소식을 듣자마자 깊이 통한하며 환멸을 느낀 크리스천 지도자 한 사람은 이렇게 외쳤다.

"나는 하나님께서 그를 말씀을 전하는 사자로 다시 사용하실 것이라고는 생각하지 않는다."

어떤 여성의 분노가 너무 교리적으로 독단적이라 생각해서 나는 이렇게 그녀에게 대항했다.

"어느 죄가 더 중하겠습니까? 간음입니까, 아니면 직접적으로 주님을 부인하는 것입니까?"

그녀는 조심성 있게 대답했다.

"주님을 부인하는 것이겠죠."

나는 사도 베드로가 예수님과의 관계를 세 번씩이나 부인한 사실에 관하여 지적했다. 부인한 후에도 하나님께서는 그를 유대인과 이방인에게 복음을 전할 수 있도록 하셨다. 그를 통해 기독교가 처음 전파되었다. 15년 동안 그는 초대교회 지도자가 되어 활동하였다. 하나님께서 베드로의 순수한 회개를 받아들이고 제2의 기회를 주셔서 그를 다시 사역에 임하게 하신 것이다.

사도 요한은 예수께서 부활하신 후에 베드로의 회복을 기록하고 있다. 베드로는 회개하고 통회하며 울었다. 그리고 예수님께서는 한 번 부인한 것에 대해 한 번씩, 모두 세 번 "나의 양을 먹이라"고 부탁하시며 베드로에게 다시 일할 수 있도록 하셨다(요 21:15-18).

이상은 하나님께서 소수의 타락했던 사람들을 사용하신 예이다. 이 외에도 성경은 많은 사람들을 기록하고 있다.

하나님께서는 제2의 기회를 주심으로써, 회개하는 죄인을 자비롭게 용서하시고 그들을 타락한 이후에도 여전히 사용하고 계신다.

# 제 9 장

## 회복에 관한
## 기독교 지도자들의 의견

루스 딜데이(Russ Dilday) 박사는 겨울철이면 나와 함께 스키를 즐기곤 하는 절친한 친구 사이로서, 세계적으로 유명한 텍사스 포트 워스(Fort Worth)에 위치한 사우스 웨스턴 신학교(Southwestern Baptist Seminary)의 학장으로 재직하고 있었다. 지미 스와갓(Jimmy Swaggart) 목사의 도덕적 비행이 보도되고, 스와갓 목사 자신이 그 사실을 대중 앞에서 시인한 지 얼마 안되었을 때였다. 딜데이 박사와 나는 타락한 목사에 대한 회복 절차에 대하여 잘 짜여졌다고 하는 하나님의 성회(the Assemblies of God) 교단 치리안에 대해 의견을 나누고 있었다.

"루스." 내가 말했다. "만일 이런 일이 남침례교 지도자에게 발생했다면 이 문제를 다룰 치리안이 있는가? "

그는 그런 지침이 없다고 말했다. 모든 교회는 자체적으로 그 문제를 해결해야 한다.

남동부 지역에서 목회하고 있던 매우 열정적인 한 목사가 아내와 이혼하고 그의 비서와 결혼했다. 그러나 이런 일은 놀라운 일이 아니다. 지금도 그는 그 사건이 발생한 바로 그 교회에서 여전히 목회하고 있다. 그 목사를 징계하기보다는, 또 사임시키기보다는 제직들은 그 목회자를 용서하고 그 교회 목사로서 그대로 남아 있도록 했다.

그 교단 자체에 그런 문제를 치리할 지침이 분명하지 않기 때문에 사실상 능력 있게 이 문제를 해결할 수 없다. 소수의 독립 침례교회에서는 이러한 문제가 잘 처리되지 못하고 있다.

이 책을 쓰고 있는 몇 달 동안, 그 사이에 또 미국에서도 내노라 할 정도로 큰 교회에서 목회하고 있는 한 목사의 불미스러운 성적 비행이 폭로되었다. 18년 전까지 거슬러 올라가 그의 부도덕한 생활을 낱낱이 폭로하는 내용이 몇몇 기독교 신문에 의해 보도되었다. 비서 중한 여인과(그 여인은 그 교회 집사의 부인이었다)의 부정한 관계로 인한 것인데, 이 사실이 보도되자 교인의 수가 급격하게 줄어들고 목사의 사례비도 극심하게 삭감되었지만, 그는 전면 조사에 응하지 않을 뿐아니라 사임하기를 거절하고 완강하게 모든 사실을 부인하였다.

분명한 것은 어느 누구도 그 목사를 교회에서 제명시킬 수 없다는 것이다. 대부분의 교인들은 그러한 추문을 참고 기다리지 못한다. 충분한 증거를 찾게 되면 제직회를 소집하고 목사에 대한 해임을 결정한다.

그러나 협조하기를 거부하는 완강한 목회자와 대립하게 되면 그 모임은 거의 마비가 된다. 이런 예는 어떤 특정 교회에만 국한되지 않는다.

도덕적으로 추잡한 죄를 범한 자유주의 신학 노선을 따르고 있는 한 목사와 또한 범죄했으면서도 근본주의 신학 노선을 걷고 있는 목사를 알고 있는데, 이들은 범죄한 목사라는 소리를 들으면서도 문제의 풍랑도 거뜬하게 딛고 일어서서 계속 설교하고 있다. 근본주의를 따르는 그 목사는 어떤 목사보다도 영혼 구원에 대한 목회자 세미나를 더 많이 개최하고 있다. 일단 어떤 일이 그에게 발생하면, 그러한 사건은 근본주의 운동을 파괴하는 것이라고 자랑스럽게 이야기한다. 앞서 말한 것처럼 그런 목회자는 자기 자신은 법을 초월해 살고 있고 하나님의 명령과 계율도 자신에게는 해당되지 않는 삶을 살고 있다고 생각하기 때문에, 도덕적으로 지각 없는 행위를 하여 비난받기 쉬운 자기 중심적인 인물이다.

그러나 그렇게까지 의지가 강한 인물은 드물다. 목회자가 범죄했을 때, 대개의 교회가 평신도 지도자 사이에서 도덕적 질서를 회복하기 위하여 범죄한 목회자를 축출하기 위한 모임을 갖게 된다. 그러나 타락한 목회자가 사임을 거부하거나 전면적인 조사에 협조하지 않을 때에는 모든 상황이 혼잡해지며 앞으로 수년 동안 교회는 혼란을 겪게 된다.

## 많은 교회가 치리 지침이 없다

많은 교단이 이러한 사건을 치리할 안(案)을 갖추고 있다. 결과적으로 철저한 조사와 평가로 범죄한 목회자에 대해 자격을 박탈할 수 있다.

몇몇 교단과 많은 독립 교회들은 이러한 목사 자격 심의 규정을 갖추지 못하고 개교회 자체적으로 그 문제를 해결하고 있다. 그리고 불행하게도 개교회가 자율적으로 해결하는 현상이 불미스러운 행동에 대해 방종을 허락하는 꼴이 되어 버렸다. 그러나 목회자들은 평신도들을 쉽게 설득할 수 있기 때문에, 목회자 중심의 치리 규정이 이루어진다면 더욱더 악화된 결과를 가져오게 될 것이다.

많은 교회가 간음한 목회자에 대해 공적인 치리안을 갖추지 못했고, 성경에서도 이 문제에 대한 명백한 제시안을 찾을 수 없기에 나는 미국에서 존경받고 있는 몇몇 목사들의 의견을 수렴해 보았다. 이들 목회자들이 제시하는 여러 가지 의견 가운데서 어떤 일치점을 찾게 된다면 목회자의 도덕적 부정을 보다 잘 처리하기 위한 치리안을 구상할 수 있게 될 것이다.

이 장과 다음 장에서, 교회와 타락한 지도자에게 공정하고도 성경적이며 수긍이 갈 만한 치리안을 확립하도록 열띤 대화가 전개될 것이다. 우리에게 이런 도덕적인 문제를 적절하게 다룰 수 있도록 책임 의식을 고취시키고 주님의 교회를 향한 사랑과 하나님의 사랑을 나타낼 그런 치리 사항을.

## 질의 사항

나는 바쁜 목회자들이 최소한의 시간에 답할 수 있도록 목회자의 이혼 문제를 포함해서 모두 11개 항목으로 이루어진 질의서를 만들었다. 이 장에서는 도덕적인 타락을 포함한 6개의 질의 사항에 대한 답변을 다루었다.

1. 목회자나 크리스천 지도자가 간음한 후 다시 복음 사역에 복귀할 수 있다고 생각하십니까?

2. 귀하가 제시하는 의견의 성경적 근거는 무엇입니까?

3. 첫 번째 질문인 복음 사역에 다시 복귀할 수 있다고 한다면 강단에 서기 위해서는 최소한 어떤 조건이 충족되어야 합니까?

4. 복음 사역에 다시 복귀할 수 있다면 강단에 서기까지 최소한 어느 정도의 유예 기간을 가져야 합니까?

5. 귀하의 의견으로는 새롭게 사역을 감당하기 위해서는 다른 지역으로 옮겨야 하는지요? 의견을 제시해 주십시오.

6. 첫 번째 질문에 대한 귀하의 의견이 복귀할 수 있다는 것이라면,

성적 범죄 사실이 대중에게 알려지기 전 진심으로 회개하고 대중에게 알려지기 수개월 전에 아내와의 관계도 회복이 되고 그 목사의 죄 문제가 다 다루어진 뒤에 유예기간을 가져야 할지요? 귀하께서는 어느 정도의 기간을 생각하고 계십니까?

질의에 응한 목회자들의 각각 다른 반응은 공인된 해결책이 없음을 시사해 주고 있었다. 하나님의 성회 교단에서는 교단 치리안으로 되어 있기 때문에 설교 사역으로의 회복이 가능한 것으로 되어 있다. 침례교도들 사이에는 의견이 서로 다 달랐다. 보면 알겠지만, 공통된 의견이 계속적인 감찰과 유예 기간을 요구하고 있었다. 질의에 응한 크리스천 지도자들은 다음과 같다.

- 레이 칼슨(G. Ray Carlson) : 하나님의 성회(the Assemblies of God) 총회장
- 글렌 콜(Glen Cole) : 세크라멘토의 캐피탈 크리스천 센터(Capital Christian Center)의 담임 목사
- 크리스웰(W. A. Criswell) : 달라스의 제일침례교회(First Baptist Church) 담임 목사
- 에드워드 돕슨(Edward G. Dobson) : 그랜드 래피즈의 갈보리교회(Calvary Church) 담임 목사
- 지미 드레이퍼(Jimmy Draper) : 텍사스 율레스의 제일침례교회(First Baptist Church) 담임 목사
- 제리 팔웰(Jerry Falwell) : 버지니아 런치버그의 토마스 로드 침례교회(Thomas Road Baptist Church) 담임 목사

- 리처드 핼버슨(Richard C. Halverson) : 미합중국 상원 의원 목사
- 잭 헤이포드(Jack Hayford) 박사 : 캘리포니아 반 누이스의 온 더 웨이 교회(The Church On The Way) 담임 목사
- 데이빗 호킹(David Hocking) : 캘리포니아 산타나의 갈보리교회(Calvary Church) 담임 목사
- 존 후프만(John A. Huffman) : 캘리포니아 뉴포트 비치의 성 안드레 장로 교회(St. Andrew's Presbyterian Church) 담임 목사
- 리처드 리(Richard Lee) : 조지아 아틀란타의 레호보스 침례교회 (Rehoboth Baptist Church) 담임 목사
- 존 맥아더(John MacArthur, Jr) : 캘리포니아 선 밸리의 그레이스 커뮤니 티교회(Grace Community Church) 담임 목사
- 로스 로즈 박사(Ross Rhoads) : 노스캐롤라이나 샤로테의 갈보리교회 (Calvary Church) 담임 목사
- 챨스 스윈돌(Charles Swindoll) 박사 : 캘리포니아 풀러튼의 제일복음자유 교회(First Evangelical Free Church) 담임 목사


## 레이 칼슨 박사와
## 하나님의 성회 교단 치리안

하나님의 성회는 내가 알고 있기로는 가장 명확한 치리안을 가지고 있기 때문에 우선 하나님의 성회 총회장인 레이 칼슨 박사를 먼저 생각했고, 은혜스럽게도 칼슨 박사는 하나님의 성회 헌법과 내규 중에서 필요한 사항을 제공했다. 유예 기간이 징계 조항에 포함되어 있

는데 서두에 주목하자.

이 부분은 특별히 치리안을 정해 놓고 있지 않은 교단이나 교회들에서 참작할 사항이다. 왜냐 하면 타락한 목회자의 회복 기간은 단순히 회복을 위해 기다리는 기간이 아니라, 다시 사역을 위해 자신을 재정비하고 영적으로나 도덕적으로 목회자의 생활에 긍정적인 영향력을 제시하는, 교회가 제시하는 징계의 기간이기 때문이다. 교단 내규 중에서 가장 적절한 사항만을 여기에 다시 기재한다.


## 제 9 조 징계
## A. 지방회 소집

### 제 1 항. 징계의 성격과 목적

징계는 교회가 감당해야 하는 성경적 권위의 행사이다. 징계의 목적은 하나님께 영광을 돌리는 것이어야 하며, 목회사역의 순수성과 질서를 유지하기 위한 것이어야 하고, 징계당하는 자는 이 과정을 통하여 회개와 회복에 이를 수 있다.

징계는 개교회의 영적인 질서를 유지하기에 충분한 반면에 목회자의 복권을 치리하도록 시행되어야 한다. 징계는 본질적으로 대속적이며 또 행위를 개선하여 바른 그리스도인으로서의 삶을 살아가도록 하기 위한 치리이므로 사랑의 치리 기간이 되어야 한다.

## 제 2 항. 징계 조치의 근거

교단 헌법과 내규를 근거로 하나님의 성회 방침을 위반할 때에는 징계위원회에 의해 징계 조치가 취해진다.

1. 도덕적인 문제를 야기하는 무분별한 행동이나 목회자로서 바르지 못한 행동……

## 제 7 항. 자격 정지

이런 경우 목회자는 목사 안수증과 교단 회원증을 지방회에 반환하도록 치리된다. 목사 안수증과 교단 회원증은 하나님의 성회 총회 총회장실로 반송된다.

반환을 거부할 경우 불복으로 간주하고 그 목회자를 파문할 수도 있다.

## 제 9 항. 복권

하나님의 성회가 제정한 제9조 A.2항을 어긴 결과로 징계 조치를 받을 이유가 된다고 지방회가 신중하게 판단하고 또 그 사건에 연류된 목사의 죄의 고백을 근거로 하여 어떤 결정을 내릴 경우, 지방회 위원들은 제명할 것인지 아니면 회복 과정을 밟아 바른 위치로 회복시킬 것인지 가부를 결정하는 것이 임무가 될 것이다.

징계의 근본 원칙은 속죄적인 것이며, 자신의 범죄한 양심으로 인하여 자신을 판단하여 회개하게 하는 것이다. 그러므로 징계는 사랑으로 치리되어야 하며, 따라서 복권에 대해 다음과 같은 사항이 적용되어야 한다.

1. 근거 : 하나님의 성회 헌법을 범했다는 것이 발견된 자(제9조 A.2항)는 회복 기간을 갖도록 한다.

2. 기간 : 위반 사항이 제9조 A 2조항 2단 1에서 지시하는대로 부도덕의 행위가 관련되어 있을 때를 제외하고는 1년의 회복 기간을 갖는다. 부도덕의 행위가 연루된 경우에는 2년 이상의 회복 기간을 요한다.

3. 회복 절차와 요망 사항 : 목회자 개인의 회복을 위한 특별한 요망 사항을 결정짓는 데에는 다음과 같은 안을 지방회원들이 사용할 수 있다.

1) 자격 정지 : 연루된 목회자는 회복 기간 동안 자격 정지에 처해진다. 그 목회자의 자격증은 지방회에서 보유하며, 사역에 복귀하는 기간은 지방회에서 결정할 수 있다. 사역에 다소의 제한과 한계는 있을지라도 어떤 죄도 목회 사역의 완전한 중단을 요구하지 않을 것이다.

2) 조건부 지방회원 가입 : 연루된 목회자는 회복 기간 동안 지방회원으로 남아 있어야 한다. 그의 목사직이 정지 상태에 있는 동안 목회자 등록에서 삭제되므로 그의 이름을 기재할 수 없다. 그리고 그

기간 동안 한 명의 목사와 지방회원의 감찰하에 그 범죄한 목회자를 어떤 교회에서 일할 수 있도록 해야 한다.

3) 진행 보고 : 지방회 산하 자격정지 위원회는 매년 2회, 징계를 받은 목회자의 회복을 위한 보고서를 총회 자격정지 위원회에 제출해야 한다.

4) 목회자 보고서 : 그 목회자는 넉달에 한 번씩 지방회장에게 보고서를 작성해 제출해야 한다.

5) 분류된 사항 : 복권에 대한 기록 사항은 다른 지방으로 이전할 경우 전출 증명서와 함께 첨부하지 않는다. 이 기록은 하나님의 성회 총회 자격정지 위원회와 지방회 기록 사항에 참고 사항으로 보존될 것이다.

6) 복권 완료 : 회복 기간을 만족스럽게 마쳤을 때 그 목회자에 대한 목회자의 위치와 자격의 회복에 대한 고려가 있어야 한다.[1]

지미 스와갓 목사의 성적 부도덕 문제를 다루는 데 칼슨 목사와 하나님의 성회 지도자들의 방법에 대해 교단의 지교회 교인 모두가 만족해 하고 있다. 비록 지미 스와갓 목사가 하나님의 선교 사업을 위해 1년에 1,200만불이란 엄청난 선교 헌금을 교단에 제공했다고 해서 칼슨 목사와 하나님의 성회 지도자들은 그에게 그와 비슷하게 성범죄를 범한 다른 목사들과는 다른 예외를 인정하기를 거부했고, 스와갓 목사의 목사직을 박탈하였다. 하나님의 성회 지도자들은 스와갓 목사가 2년 동안의 회복 상담 프로그램에 순응하기를 요구했고, 1

년 동안 목회 사역을 못하도록 가결했다.

그런데 불행하게도 스와갓씨는 교단의 권위를 거부하고 목회를 그만둔 지 석달 만에 교단을 탈퇴하여 기독교인 사회에서 스와갓 목사 자신을 더욱 불신하고 고립되게 만드는 행동을 했다. 교단에서는 대단히 책임감 있게 사랑을 가지고 치리했기 때문에, 그리스도인들에게 유명한 지도자도 치리할 수 있다는 사실을 입증하게 되었고 사람들의 신망도 얻게 되었다.

짐 베커와 지미 스와갓의 성적 부도덕한 행위로 인해 전 미국의 매스컴에 알려진 칼슨 박사는 교단 안팎에서 많은 질문 공세를 받았다. 그는 나의 질의에 대해서도 작성된 답변 문안을 주었는데, 그가 얼마나 이 문제를 깊이 연구했는지를 그 답변이 알려주고 있다.

"하나님의 도덕적 기준은 높으며 이 기준은 교회 지도자와 비지도자를 막론하고 모두에게 똑같이 적용된다. 그러나 교회 지도자들은 그들의 영향력이 비지도자들보다 분명히 크므로 책임이 더 막강하다 하겠다. 예수님은 이렇게 말씀하셨다.

"알지 못하고 맞을 일을 행한 종은 적게 맞으리라 무릇 많이 받은 자에게는 많이 요구할 것이요. 많이 맡은 자에게는 많이 달라 할 것이니라"(눅 12 : 48).

"내 형제들아 너희는 선생 된 우리가 더 큰 심판을 받을 줄 알고 선생이 많이 되지 말라"(약 3 : 1).

"오직 말과 행실과 사랑과 믿음과 정절에 있어서 믿는 자에게 본이 되어

"(딤전 4 : 12).

"책망할 것이 없으며"(딤전 3:2)

"외인에게서도 선한 증거를 얻은 자라야"(딤전 3:7)

"도리어 부딪칠 것이나 거칠 것을 형제 앞에 두지 아니하도록 주의하라"(롬 14:13)

"네 형제로 거리끼게 하는 일을 아니함이 아름다우니라" (롬 14:21)

이렇게 제시한 말씀이 영적으로 목회의 근본을 이룬다면 지속적이고 영구적인 사역의 기초가 될 것이다.

다음 두 가지 사실을 잘 살펴볼 필요가 있다.

(1) 징계는 자신이 범한 죄에 대해 하나님이나 사람으로부터 용서받은 것에 대해서는 무관하고, 징계 과정에 있어서 목회자 자신이 받아들이는 인간의 용서를 바탕으로 하고 있다.

(2) 징계는 처벌이 아니다. 그것은 속죄적이며 회복의 과정이다. 참으로 회복하여 다른 사람들로부터 신뢰를 되찾고 자신의 약한 부분과 유혹을 극복할 수 있도록, 타락한 목회자에게 치료의 과정을 밟는 시간을 제공하는 것이다.

갈라디아서 6장 1절의 "신령한 너희는 온유한 심령으로 범죄한 자를 바로잡고"라는 말씀은 목회 사역의 회복을 말하는 것이 아니라, 하나님과 성도들과 교제할 수 있도록 범죄한 사람을 찾아내어 회복시키는 것을 말하는 것이다. "회복하다"로 번역된 헬라어는 "고친다"는 의미가 있다. 이 시제는 지속적인 현재 시제이므로, 과정에 있어 인내가 필요한 것을 암시해 주고 있다.

예수 그리스도를 저주하며 부인한 뒤 40일이 지난 후 복음을 전파하며 성도들을 그리스도께 인도한 베드로의 경우를 놓고, 죄를 범한 목회자를 어떻게 치리할 것인가 하는 기준으로 삼아서는 안 된다. 베드로의 죄는 비밀리에 위선적으로 저지른 죄가 아니었다. 그의 죄는 잠시 타락한 상태였지만 공포에서 나온 충동적인 행위였다.

주님을 죽기까지 따를 수 있다고 하며 자기는 주님을 결코 버리지 않겠다는 베드로에게, 그 믿음이 패배하지 않도록 기도하라고 주님께서는 말씀하셨다. 그리고 그가 회개하였을 때 그는 그의 형제들에게 힘을 주었다 (눅 22:31-34).

그는 죄를 지은 후에 어떤 권고가 없었어도 자발적으로 회개했고, 밖으로 나가 비통하게 울었다(눅 22:62). 이런 예는 드문 경우이다. 죄를 숨기려는 목회자들은 자신의 죄가 발각되었을 때에야 마지못해 자신의 죄를 인정한다. 승천하시기 전 우리 주님은 베드로를 재임용하셨다(요 21:15-17).

오늘날 우리가 취해야 할 최대 관심은 도덕적 방종과 타협은 가볍게 넘겨서는 안될 죄라는 데 있다. 널리 알려진 사역일수록 그만큼 져야 할 책임도 크다. 징계의 치리안도 이를 염두에 두고 있어야 한다. 어느 누구도 그리스도의 몸에 대한 그의 책임을 회피할 수는 없다. 왜냐 하면 우리는 서로가 지체이기 때문이다.

## 글렌 콜 박사

 그의 교단의 다른 지도자들과 마찬가지로 그도 타락한 목회자가 복음 사역에 다시 회복될 수 있다고 믿고 있었으며, 그 기간은 적어도 2년은 되어야 한다고 생각하고 있었다.

 그리고 글렌 목사는, 개인적으로 타락한 목회자라 해도 자신의 죄를 깨닫고 하나님의 용서를 받아들이고 죄가 폭로되기 전에 수년 동안 하나님의 축복 속에서 계속 사역을 해온 목회자들에 대하여는 예외적이라고 생각했다.

 그는 타락한 목회자가 반드시 다른 지역으로 이주해야 한다고는 말하지 않았지만, 교회를 바꾸거나 가까운 지역으로 거주지를 옮기는 것이 자신과 가족과 그리스도의 교회를 위해 가장 좋다고 생각했다.

 자신의 죄를 회개하고 수년 뒤에 그 사실이 알려지게 되었고 지금은 기쁨으로 주의 사역을 감당하고 있는 나의 친구 중 한 명이 지금도 글렌 목사 교회에 출석하고 있다. 유예 기간 동안 친구와 그의 아내에게는 사랑과 영적 지도자의 양육이 필요했다. 그리고 그들은 캐피탈 크리스천 센터에서 그것을 발견하였다.

 긴 유예 기간이 끝이 났을 때 콜 목사는 나의 친구의 회복을 위하여 다른 교회 목사들과 함께 일을 했다. 공적으로 재임명 예배가 드려지고, 부목사로서 그 교회에서 일할 수 있도록 청빙을 받았다. 이 교회 성도들은 경건한 삶을 살기로 재다짐하는 그 목사에게 하나님께서 허락하신 많은 재능을 통해 많은 것을 얻게 될 것이다.

이런 경험은 타락한 목회자를 회복시키는 데 고심하는 크리스천 지도자들에게 긍정적인 좋은 예가 될 것이다. 그리고 그 때에 타락한 목회자들은 하늘나라의 확장을 위하여 오랜 경험과 그들의 삶과 재능을 사용하며 정진할 것이다.

## 크리스웰

40년 이상 크리스웰 박사는 남침례교단에 속해 있는 가장 큰 교회인 텍사스 주 달라스에 위치한 제일침례교회에서 시무하고 있다. 80세가 넘은 나이에 현대 목회자의 귀감으로 많은 사람들로부터 존경을 받고 있다. 기독교에 대한 그의 기여도는 웅변가, 목회자, 저술가, 교단 지도자 텔레비전과 라디오 설교자로서 거의 전설적이다.

크리스웰 박사는 목회 사역이 너무 거룩한 위엄이기에 결혼 서약을 어긴 목회자는 더 이상 담임 목사의 직분을 감당할 수 없다고 믿고 있다. 그는 나의 질의에 일일이 답변을 주지는 않았지만 다음과 같은 글을 보내 옴으로써 답변을 대신했다.

"하나님의 말씀을 통하여, 주님께서는 주님의 등 뒤로 우리의 죄악을 던지셨고 죄를 깊은 바다 속으로 묻어버리시고 더 이상 기억지 않으신다는 것을 알게 되었다. 하나님의 선하심을 우리는 누리고 있다. 그러나 간음죄를 범한 목회자의 문제와 다른 지역에서 심각한 죄를 범한 목회자의 문제가 갑자기 대두되면서 많은 이야기들이 난무하고 있다. 내가 청중 속에 앉아, 소명에 따르는 덕 있는 생활과 사역으로 부르신 성령께 맹세한 선서를 충성스럽게 이행하지 못했다는 사실을 알면서도 주님을 대신한다고 하는 그 사람을 바라볼 때, 나는 어떻게 해야 할까?

아무리 노력을 해도 나는 이 사람이 주님을 배반했다는 사실을 묻어버릴 수가 없을 것 같다. 청중들에게 복음을 듣게 하기 위해서는 그 목사는 다른 직업을 찾도록 해야 한다. 하나님은 그를 용서하신다. 우리도 그를 용서한다. 그러나 그렇다고 해서 그가 계속 목회자로서 사역을 해도 된다는 것을 말하는 것은 아니다. 다른 방면에서, 그를 용서하신 주님을 섬길 수 있다고 생각한다."

## 에드워드 돕슨

그는 결혼과 이혼에 대한 저서를 포함하여 여러 권의 책을 저술한 작가이기도 하며, 어려운 학문을 알기 쉽게 이해하도록 하기로 유명하다.

나의 질의에 돕슨 박사는 「근본주의자」(Fundamentalist)라는 잡지에 기고했던 글을 보내 주었다. 질의에 응했던 다른 지도자들처럼 그도 갈라디아서 6장 1절에 나오는 회복에 대해 믿고 있었다. 그러나 그는 회복에 요구되는 4가지 면을 밝히고 있었다.

## 1. 친교의 회복

목회자가 그의 개인의 삶 속에 하나님의 약속을 성실히 수행하지 못한다면 이것은 죄이다. 이 죄는 영적 탈진 상태도 아니며 중년기의 위기도 아니다. 하나님을 대항하는 죄이다. 다윗이 밧세바와 간통한 후에 그녀의 남편을 살해함으로써 이 사실을 은폐하려 했던 것이 죄악임을 다윗은 분명히 알았다. 회개의 시편을 읽을 때 하나님을 대항한 죄의 실제를 강조하게 된다(시 51편).

죄는 회개와 자백을 요구한다. 그렇게 한 후에야 비로소 하나님과의 친교가 회복될 수 있다.

## 2. 예배의 회복

타락한 지도자가 자신을 성원해 달라고 어느 누구에게 도움을 청할 것인가? 그는 징계와 사랑과 영적 성장을 위한 하나님의 기관인 교회로 향해야 한다.

하나님과의 친교가 회복된 후에는 타락한 지도자와 그의 가족을 사랑과 징계로써 자신을 지켜봐 줄 수 있는 성도들의 모임에서도 회복할 필요가 있다.(여기서 돕슨 박사는 고린도전서 2장 6-8절을 지적하였다. 고린도전서 5장에도 보면 징계한 형제들을 예배에 회복시키라고 가르치고 있다.)

## 3. 헌신의 회복

회복의 세 번째 단계란, 그가 가진 영적 은사를 사용할 수 있는 기회를 줌으로써 헌신에 회복시키는 것을 말하는 것이다. 이 말은 지도자의 위치를 말하는 것이 아니다. 이 말은 헌신을 내포하고 있다. 어떤 사람의 헌신을 거부하는 것은 하나님께서 그 사람에게 주신 영적 은사를 활용하는 즐거움을 거부하는 것이다. 그가 헌신하는 것을 거부하는 것은 그리스도의 몸인 교회의 은사의 전 기능이 발육되지 못하도록 하는 것이다.

### 4. 지도자 위치의 회복

지도자 위치의 회복 문제를 풀려고 할 때에는 우선 그 죄의 범위와 성질을 조사해야 할 필요가 있다. 전혀 간음죄를 범하지 않은 목회자도 얼마든지 있다. 사임해야 할 정도로 어떤 여성과 감정적으로 깊이 빠져 있는 경우도 있고, 어떤 목회자들은 생각지도 않은 우연한 사건에 희생되는 경우도 있다.

또 어떤 목회자는 실제로 교인 중 한 명 또는 여러 명의 여성들과 계속해서 정사 관계를 가지는 경우도 있다. 그런 경우, 평판이 회복되기는 어려우며(딤전 3장), 수년 동안 성범죄를 하며 살아온 그 목회자는 지도자의 자격이 없다고 본다.

반면에 감정적으로 육체적으로 우연히 실패하여 희생양이 된 목회자의 경우에는 회복될 가능성이 있을 것이다.

징계와 감독, 사랑과 용서, 그리고 충분한 시간을 가질 때, 타락한 목회자도 공적 사역과 지도자의 위치로 다시 회복할 수 있다고 생각한다.

그러나 그 마지막 판단을 나로서는 할 수 없다. 친교, 예배, 헌신을 할 수 있도록 같이 협력할 수는 있다. 그러나 주님이 원하시는 그 때에 적절한 곳에서 그들을 지도자직에 다시 회복시키는 것은 오직 하나님께만 달려있다.

나는 그 회복이 안 된다고 말하기를 망설였음을 솔직하게 시인한다. 왜냐 하면 내가 하나님을 대항하여 싸우는 죄를 범하지 않기 위해서였다.[2]

돕슨 박사는 타락한 목회자가 공적인 목회를 떠나 얼마 동안의 유예 기간을 가져야 할 것인지에 대해서는 분명히 밝히고 있지 않았다. 그는 목회자의 죄와 회개를 바탕으로 하여 교회의 장로들에게 결정하도록 위임하고 있었다.

돕슨 박사는 이렇게 결론을 내렸다.

"우리는 성경의 중요한 주제—은혜, 대속, 그리고 용서—를 적당히 넘겨서는 안 된다고 생각한다. 또한 우리는 실패한 후, 회개하여 친교와 헌신과 지도자의 위치로 회복했던 인물들이 성경에 기록되어 있다는 사실을 잊어서는 안 된다."[3]

## 지미 드레이퍼

지미 드레이퍼 박사는 텍사스 주 달라스 교외에 있는 율레스라는 지역에 위치한 제일침례교회 목사이다. 그는 몇 권의 책을 쓰기도 했으며, 미국과 미국 문화에 도덕적, 영적 부흥이 필요하다고 그의 소견을 솔직히 밝히고 있다. 그가 속한 교단의 목사들은 드레이퍼 박사를 목회자의 친구라고 부른다.

드레이퍼 박사는 나의 질의에 아주 분명한 반응을 나타내었다.


신약성경은 이 문제(목회자의 회복)에 대해 대체로 침묵을 지키고 있다. 신약성경에는 간음죄를 범한 목회자를 찾아볼 수 없다. 그러나 우리에게 이 문제를 지도해 줄 원칙은 있다.

첫째, 죄는 모두에게 적용된다. 예외가 없다. 분명한 것은, 하나님께서 철저히 감독하시며 교회 지도자들을 관리하고 계신다는 사실이다(약 3:1).

둘째, 그 당시 크리스천 지도자들은 목사나 교사와 같은 복음을 전하는 자들이 아니었다(엡 4:11). 그들은 초능력적인 성도들이었다. 그들은 성령의 은사로 그러한 역사를 행할 수 있었다. 지도자의 위치는 지도자의 성취성으로 되기보다는 성령의 은혜, 은사로 인한 것이다.

신약시대 교회에는 성직자와 평신도의 분명한 구분이 없었다. 모두 섬기기 위해 부름을 받았다(롬 1:6). 성령의 은사와 소명으로 인하여 섬기게 되었다.

이와 같이 죄는 개인적으로 다루어져야 한다. 공통 분모는 죄이지 그 사람의 위치가 아니다. 복음 사역은 대단히 활동 범위의 폭이 넓다. 과연 목회자가 범죄한 후 다시 교회에서 목회할 수 있을까? 또 복음 사역을 감당하고 있는 어떤 단체에서 일을 수행할 수 있는 자리에 회복될 수 있을까?

"하나님은 결코 실패하지 않는다."

물론 회복될 수 있다. 지도자가 회복했던 고전적인 예가 다윗의 경우이다. 레위기 20:10에 보면 이스라엘 사람들에게 있어 간음죄를 범하면 사형에 처했다고 기록하고 있다. 그런데 하나님은 다윗을 용서하시고 그를 지도자의 위치로 돌려놓으셨다.

그러나 죄에 대한 결과가 있었다. 칼날이 그의 집에서 떠나지 않았다. 계속해서 지도자로서 있었지만, 왕권과 존경심 모두를 잃게 되었다. 다윗은 공적으로 폭로되었다! (삼하 11-12장, 시 32, 51편)

하나님을 어떤 한 쪽으로 찾을 때 하나님께서는 다른 방향에서 그를 찾으신다. 그러나 대중에게 죄를 폭로시키는 것도 하나님의 징계의 한 방법이다.

또 다른 예가 삼손의 예이다. 삼손은 나실인이었지만 전형적인 바람둥이였다. 그런 그가 용서받고 그의 인생 마지막 장에서 하나님께 쓰임을 받았다. 그러나 하나님께서는 타락한 그를 이전 위치에 회복시키지 아니하셨다. 이제 성도의 징계에 대한 성경적인 교리가 초점이 맞추어졌다. 하나님께서 성령과 그의 말씀을 통하여 먼저 우리에게 말씀하신다. 회개하기를 거부하면 하나님은 그에게 관심을 가지시고 주께로 돌아올 수 밖에 없는 환경을 만드신다.

이상의 경우에서 볼 때, 만일 어떤 지도자가 간음죄를 범하거나 난잡한 성적인 행동을 했을지라도 성령께서 죄를 깨닫게 하시고 회복하기를 간구하면 회복될 수 있는 희망이 있다. 그러나 그 지도자의 도덕적인 죄가 습관적으로 젖어 있다면 지도자직의 위치로 다시는 돌아갈 수 없다. 지도자의 회복은 오랜 시간 동안 상담과 복권 기간을 가진 후에 가능하며, 그 사역은 지극히 작은 사역일 것이다.

드레이퍼 박사는 타락한 목회자가 회복되기 전에 갖추어야 할 조건을 다음과 같이 분석, 제시하였다.

이 경우는 대개 개교회의 문제이다. 그러나 성도들이 그 범죄한 목회자가 회개하고 열매맺는 회개의 삶을 사는지를 볼 수 있도록 충분한 시간을 가져야 한다.

"나는 죄를 범했습니다. 나는 이 죄를 회개했습니다" 하는 식의 말로 적당히 때워서는 안 된다. 물론 하나님의 용서는 즉각적으로 이루어지지만, 간음은 성적인 죄 이상의 것이라는 사실을 명심해야 한다. 이 죄는 또한 기만의 죄이다. 하룻밤 사이에 신뢰를 회복할 수는 없다.

하나님과의 수직적 관계보다는 가족, 교회, 친구, 이웃, 대중의 수평적 관계에 연관된 것이 더 많다는 것을 기억해야 한다. 계속적인 감찰이 있어야 한다.

겉치레적인 회복 과정을 행하지 않도록 주의해야 한다. 이 말은 복음주의를 지향하는 사람들이 과정을 통하여 모든 일을 행하기를 좋아하는 것과 같다고 할 수 있다. 이를테면 이런 이야기가 된다 : 이 일을 성취하기 위한 7단계, 저 일을 이루기 위한 4단계.

주의하지 않으면 겉치레에 불과하게 된다. 모든 경우를 개인적으로 다루어야 한다. 성경이 말하는 곳을 우리도 말해야 하고 성경이 침묵하는 곳에서는 우리는 지극히 현명해야 한다.

드레이퍼 박사는 또 유예기간에 대해 이러한 논평을 했다.

다시 한 번 이 문제는 개인적인 것을 토대로 다루어져야 한다. 자신이 회복 과정을 자원하여 시작하고 죄를 회개한 목회자와, 대중에게 폭로되어서야 비로소 마지못해 회개하는 목회자 사이에는 구분이 있어야 한다고 생각한다.

후자의 경우에는 결코 강단으로 돌아올 수 없을 것이다. 돌아온다 해도 누군가의 감독하에 부교역자로서나 다시 목회 사역을 시작하도록 하는 것이 현명한 처사일 것이다. 그리고 그럴 때 킹콩이 되지 않고 목회에 임하는 것이 가능하다.

목회라는 것이 나를 섬기라고 명령하는 것이 아니라 곧 종(요 13장)이 되는 것을 요구하는 것이라는 것을 우리는 종종 망각하고 있는 것 같다. 하나님께 부름을 받았다는 사람들이 왜 재생의 두 번째 기회를 가져야 하고 하나님 섬기는 데 감격이 없는지 이해할 수가 없다. 비록 그 목회자가 어디에선가 부교역자의 자리에서 다시 일한다 할지라도 섬기지 않는 사람에게서는 동정심과 존경을 얻지 못할 것이다.

이는 요구하는 영은 회개하지 않는 영이라는 증거이다. 다시 말해, 무언가를 요구하는 목회자는 회개하지 않는 종이라는 것이다.

나의 말은 범죄한 목회자가 다시는 목회자의 자리로 인도될 수 없다고 말하는 것이 아니다. 회개한 목회자만이 종이 될 것이다.

## 제리 팔웰

제리 팔웰 박사는 미국뿐만 아니라 전세계에 그 이름이 널리 알려진 설교자이다. 그의 교인들 중에는 그를 텔레비전 설교자로 생각하고 있는 수백만 명의 시청자들이 포함되어 있다.

팔웰 박사는 디모데전서 3:1-7을 근거로 하여 타락한 목회자는 설교 사역에 복귀될 수 없다고 하는 충분한 증거를 제시한다. 그러나 만일 목회자에게서 충분히 회개의 모습이 보인다면, 목회가 아닌 다른 사역 분야에서 일할 수 있을 것이다. 단, 이러한 치리도 완전한 회개와 보완적인 행위, 그리고 용서…… 감독과 상담의 폭넓은 프로그램을 진행한 후에 이러한 절차가 이루어져야 한다. 일단 이러한 절차가 이루어지면 다른 곳으로 이주하는 것이 가정을 생각한다는 견지에서나 또한 성실성의 회복에 바람직할 것이라고 팔웰 박사는 생각하고 있었다.


## 리처드 핼버슨

핼버슨 박사는 타락한 목회자의 회복이 가능하다고 생각하고 있었다. 분명하게 절대적인 다른 성경 말씀처럼, 그는 성도들에게 용서를 확신시켜 주는 다음과 같은 성경 구절을 인용하였다. 요한 1:9 ; 에베소서 2:8-10, 히브리서 10:11-14.

헬버슨 박사는 타락한 목회자가 공적인 사역으로 돌아오기 전에 교인들의 공식적인 모임을 대표하는, 남녀로 구성된 기관의 감독을 받아야 한다고 말하고 있다. "타락한 목회자의 유예 기간은 그 기관에서 결정하기에 달려 있습니다."

헬버슨 박사는 타락한 목회자가 다른 지역으로 이주하는 것만이 최선이라고는 생각하지 않고, 그를 감독하는 그 기관이 결정하는 대로 따르는 것이 최상책이라고 했다.

유예 기간에 대한 질의에 헬버슨 박사는 이렇게 말했다.

> "나는 어떤 일정한 법을 적용하고 싶지는 않습니다. 다만, 하나님께서 인도해 주시는 대로 따르는 것과 그 기관의 결정에 순종하는 것이 합당하다고 확신합니다."

## 잭 헤이포드

그의 사역은 라디오, 텔레비전, 그리고 방대한 카세트 테이프 사역에 이르기까지 확대되고 있다. 그는 여러 권의 책을 저술했고, 전국의 수많은 평신도와 목회자에게서 사랑과 존경을 받는 목회자이다.

잭 목사는 근래에 쓴 ≪타락한 목회자의 회복≫(*Restoring Fallen Leaders*)이라는 책을 보내줌으로써 나의 질의에 답변해 주었다. 이 책을 "모든 꽃들은 어디로 갔나?"(Where Have All the Flowers

Gone?)라는 그의 설교 테이프를 토대로 만들어 진 것이었다. 그의 저서와 테이프를 통해 나는 여러 달 동안 신문의 일면 기사는 장식한 두 명의 타락한 텔레비전 설교가에 대한 그의 사랑을 알 수 있었다.

그러나 잭 목사는 그리스도의 가르침에 더 깊은 관심을 나타내고 있었다. 그는 저서를 통하여 나의 질의에 대한 해답을 찾을 수 있도록 했다. 교회 지도자직에 대한 그의 기준을 살펴보기로 하자.

영적 지도자들은 책임을 감당해야 할 부분은 많으나 그에 반해 특권은 극히 적다. 이 사역을 감당하기 위한 기본적인 자격이 디모데전서 3:1-13과 디도서 1:5-2:8에 구체적으로 명시되어 있다. 베드로전서 5:1-11 말씀도 이 자격의 근본을 이루고 있다.

만일 지도자로서 주님의 사역에 충실하기를 원한다면, 그는 입증되고 유지해야 할 인격의 기본적인 사항을 갖추어야 한다. 주의 깊게 이러한 기본적인 것을 고찰해 보면, 이는 이들을 엄격한 종교적 규범에 끌어들이기 위한 것이 아니라, 오히려 이러한 기준을 바탕으로 충성스럽게 일하고 그렇지 못할 때에는 분명하게 징계도 받아들이는 훌륭한 지도자들을 성장시키기 위해서라는 사실을 알아야 한다.

타락한 영적 지도자들의 비극적인 사건 주변에 발생하는 문제에 접하면서, 중요한 시점에 서 있는 우리 자신의 모습을 보게 된다. 이 문제는 오늘날 우리 시대 모두의 문제가 된 것이다.

영적 지도자에 대해 성경에서 제시하는 조건을 완만하게 받아들이려 하거나 이 문제에 대한 성경의 가르침이 점차 인본주의에 침식된다면, 그리스도의 권위와 주님의 말씀은 설 자리가 없게 될 것이다. 지금 이 시간 성실하게 하나님의 말씀을 대하지 않으면 그 결과는 주님의 주님 되심을 인정하지 않는 견해만 나타나게 될 것이다.

그러나 주님이 설정해 놓으신 기준의 삶을 충성스럽게 따르지 않는 지도자들은 궁극적으로 어느 것도 이루지 못했음을 교회사를 통하여 얼마든지 입증할 수 있다. 교회 지도자직을 지지하고 선택하는 그 기준이 인본주의적인 견해로 오염되면 교회 전체가 부패하는 결과를 가져오게 된다. 말씀대로 행하는 것이 너무도 고통스러워 때로 비극적인 사건으로 실족할 때에도, 영적 지도자로서 갖춰야 할 수준 높은 필수 요건이 그대로 유지되고 있어야 한다.

예수님께서 자신의 수준 높은 견해를 유지하셨던 그 정도까지 직접적으로 비례하여 행해져야 할 것이다.[4]

**잭 목사는 적절한 유예 기간이 지난 후에는 타락한 목회자도 회복할 수 있다고 그의 교단 하나님의 성회와 입장을 같이했다. 이러한 입장을 증명하기 위하여 그는 갈라디아서 6:1을 인용하였다.**

이 말씀은 대단한 말씀이다. 온전한 회복을 목표로 함에 있어서 고상하고 관대한 말씀이다. 또한 회복을 위한 일반적인 것에 요구되는 말씀이다. 쉽게 인용하는 일반적인 구절 그 이상의 것이 제시되고 있다.

먼저 회복에 대해, 공식적인 자리로 빨리 복귀하기를 원하는 그런 성급한 지도자의 태도와 근본적으로 다른 태도를 말하고 있다. 의미를 보면 동사인 카타르티드조(Katartidzo)는 '회복하다'(restore), '보수하다'(mend), 혹은 크기나 모양을 '맞추다'(fit) 또는 '철저하게 갖추다'(thoroughly equip)라는 의미를 가지고 있다.

그리고 시제상으로 볼 때, 그 행동이 계속해서 지속적으로 취하라는 의미로 쓰이고 있다. 여기에서 교훈하고 있는 분명한 명령을 다음과 같이 쉽게 바꾸어 볼 수 있다.

"다른 사람의 실수나 결점이 발견될 때 영적인 너희들은 은혜스럽게 온전히 갖춰진 사람으로 보완될 수 있도록 폭넓게 사역을 시작하라. 이렇게 함으로써 너희 자신도 쉽게 실수하거나 넘어질 수 있다는 사실을 기억하면 그들의 타락에 대하여 우월한 생각을 갖지 않게 될 것이다."

회복하는 데 오랜 시간이 필요하다는 것이 특별히 이 말씀에 나타나 있다. 피상적으로 말로만 얼버무려서 하루라도 빨리 복귀하려는 것이 그들의 생각이겠지만, 성경에서는 정확하게 그와 반대되는 입장을 요구하고 있다. 인간의 생각은 성경과 일치하지 않는다. 성경은 이 사실을 말씀하고 있을 뿐이다.


## 용서와 열매

영적 지도자의 타락은 그 지도자에게 영향을 받은 모든 사람들의 삶에 충격을 줄 만한 엄청난 사건이다.

용서는 순간적인 것이다. 그러나 회개의 열매는 성장하는데 시간이 필요하다. 죄로 인하여 폭로된 인격의 금이 간 곳을 보수하거나, 사역을 행하며 다년간 타버린 열매를 회복하는 것은 거룩한 열정이나 은혜스러운 생각을 한순간에 폭발시킨다고 될 수는 없는 것이다.

은혜로 용서받고 하나님의 말씀으로 그 목회자가 온전히 회복이 되고 치료가 되기 위해서는 시간이 요구된다. 이 시기가 보완의 때이다. 죄가 어느 순간적인 것의 열매가 아니듯이, 회복도 순간적인 것이 아니다.

## 징계냐, 처벌이냐?

많은 사람들이 영적 지도자의 징계를 인간 편에서 처벌하는 것, 곧 곤경에 빠뜨리는 것, 또는 보복하는 것으로 생각한다는 것은 슬픈 사실이다. 만일 그러한 무가치한 동기를 가지고 징계를 하게 되면, 그것은 목회자의 비극적 타락이 성경적이 아닌 것처럼 그 징계 또한 성경적이 아니다.

그리고, 회복 기간에 요구 되는 것은 처벌이 아니다. 그 기간은 은혜의 다른 측면을 보여 줄 수 있는 기회이다. 이 기간 동안에는 (1) 겸손한 회개와 (2) 회복의 과정에 순종하는 것이 필요하다.

타락한 목회자는 자신이 목양한 교회와 사역에 있어서 지도자와 동료, 이 둘 사이에서 입장을 분명히 할 필요가 있다.

"내가 내 몸을 쳐 복종하게 함은 내가 남에게 전파한 후에 자기가 도리어 버림을 당할까 두려워함이로라"(고전 9:27).

모든 지도자들은 하나님의 말씀에서 울려나오는 경고의 나팔 소리를 듣고 깨어 있도록 미리 경고하고 있다.

타락은 자격을 상실케 한다. 다시 제 위치로 복귀하는 데에는 시간이 걸린다.…… 타락한 지도자의 징계는 처벌이 아니다. 다음 세 가지 사항에 대하여, 충분히 말씀의 가르침을 믿는 사람이 자원적으로 받아들이는 행동이다. : (1) 용서에 대한 하나님의 사랑. (2) 회복에 대한 하나님의 초대. (3) 순종함으로써 다른 영적 지도자의 상담을 받아들일 모든 영적 지도자의 의무.

징계는 그 과정을 통하여 치료하며 보충하는 것이지 처벌의 과정이 아니다. 징계를 받아들인 지도자가 새롭게 시작하는 시점에서 용서받고 죄사함 받아 회복의 과정을 준비하면서, 타락한 목회자는 제자가 된다.

주의 성령과 말씀을 따라 그러한 회복을 마칠 수 있다는 것을 의심하지 말자.[5]

잭 박사는 회복 기간에 대해서는 특별히 언급하지 않았다. 그렇지만 그는 회복위원회를 위하여 몇 가지 사항을 제시했다.

"타락한 목회자의 회복을 위한 기간을 1년에서 많으면 4년, 또는 5년까지를 회복위원회가 요구하거나 추천하는 데에는 이유가 있다. 타락한 지도자를 돌보는 데에는 재정적인 보조, 상담료, 개인적으로 성원하는 모임, 회복을 위한 안내를 지원하는 것 등, 보다 중대한 더 많은 책임이 뒤따른다. 그리스도의 지체가 성장할 수 있는 능력은 교회가 그리스도께서 보여주신 사랑과 성경적으로 타당성이 있는 섬김으로 나타난다. 회복을 위한 시기는 대속적인 행위로 채워진 시기이다.[6]

## 데이빗 호킹

데이빗 박사는 캘리포니아 산타나에 있는 갈보리교회 담임 목사이며, 성경 주석 설교가로 잘 알려진 목회자이다. 호킹 박사는 〈바이올라의 시간〉(The Biola Hour)이라는 매일 방송되는 프로그램의 성경 교사이기도 하며, 성경 강좌 강사이고, 또한 여러 권의 책을 쓴 저자이기도 하다.

호킹 박사는 회복에 대한 정의를 내리면서, 하나님께서는 크리스천 지도자들에게 행동의 수준 높은 기준을 유지하도록 하셨다는 사실을 지적했다.

회복이란 범죄한 행위로 인하여, 또는 하나님과 교제를 상실하게 하거나 헌신의 위치를 잃게 하는 삶의 형태로 인하여 지도자의 위치와 관계를 떠나 있었지만, 이제 교회나 어느 조직에 의해 전에 가졌던 지도자의 위치와 관계로 돌아가는 것을 말한다.

교회의 징계의 목적은 다음의 세 가지라고 볼 수 있다.

(1) 교회의 순결(고전 5:1-13)

(2) 다른 이들에 대한 경고 (딤전 5:19-20)

(3) 징계받은 성도의 회복 (고후 2:6-8; 몬 10-12)

기독교 지도자는 다른 믿는 이들의 본이 되어야 한다(벧전 5:3). 흠이 없고(책망할 것이 없고) 좋은 평판을 들어 불신자들에게 간증이 되어야 하며(딤전 3:2,7), 결혼 생활에 문제가 없어야 한다(딤전 3:2, 12 ; 딛 1:6).

성적인 부도덕(간음, 동성연애, 간통, 혼전성교)으로 인하여 주 예수님께 죄를 범하고 다른 성도들에게 누를 끼친 자들은 죄의 고백과 회개를 바탕으로 용서 받을 수 있다(잠 28:13, 눅 17:3-4, 고후 7:9-11). 그리고 헌신과 친교의 자리로 회복될 수 있다. 크리스천 지도자들은 주님과 다른 성도들 앞에서 더욱 큰 책임을 져야 한다.

**호킹 박사는 타락한 지도자가 회개와 징계를 받은 후에 일정한 조건이 부합되면 사역에 회복될 수 있다고 믿고 있다.**

성적인 범죄에 빠졌던 지도자가 회개 한 후 다시 주의 사역에 회복되기 전에 몇 가지 감안해야 할 사항이 있다.

1. 죄의 고백과 회개의 증거가 있는가?

범죄 사실이 범죄한 지 얼마의 시간이 지난 후에 알려졌는가?

2. 범죄한 그 목회자가 아직도 결혼 생활을 하고 있으며, 자신의 아내에게 사랑과 순결과 성실한 모습을 나타내는 증거가 있는가?

3. 그 목회자가 이전의 위치로 돌아가는 데 반대하는 이들은 없는가?

그 부도덕한 행위로 인한 해로운 영향력으로 인하여 앞으로의 목회에 제한을 받을까? 우리가 예수 그리스도를 위하여 전도하려는 불신자들에게 이 결정이 어떠한 영향력을 미치게 될까?

다음과 같은 원칙을 회복 과정에 적용하는 것이 최상의 것이라 생각된다.

1. 회개의 증거를 살펴보고 지켜보아서 그 일정한 기간(징계받은 교회에서 결정한)이 지나기까지 공적인 지도자의 위치나 목회자의 직분을 수행하도록 해서는 안 된다.

2. 그 목회자를 지도자의 위치나 사역에 예전과 같은 위치로 회복시켜서는 안 된다. 이는 적당히 타협한 사람처럼 보이거나 도덕적인 문제의 성경적인 기준을 대수롭게 여겼다는 그런 견해를 교인들이 갖지 않도록 하기 위한 것이다.

3. 일정한 시간이 지난 후에는 승리의 생활을 위하여 성령의 권능에 온전히 의지하며, 하나님 말씀에 순종하고, 하나님의 은혜와 용서를 믿고, 죄의 결과를 미워하고, 마음 아파하며, 겸손히 제약을 감수하고, 다른 태도를 갖고 지도자의 위치로 목회 사역에 회복할 수 있도록 그 목회자를 격려해야 한다(시 119:9, 11 ; 고전 10:13 ; 갈 5:16).

**호킹 박사는 궁극적으로 타락한 목사가 강단으로 돌아갈 수 있는 가능성을 배제하지는 않지만, 적절한 징계 기간을 가진 후 오랜 기간**

을 두고 다른 사람들의 감독하에 돌아올 수 있다고 분명한 의사를 밝혔다. 담임 목회자가 타락하면 자신을 주시할 수 있는 영적 감독이 있어야 한다는 입장을 취하고 있는 것 같다.


## 후프만

후프만 박사는 키 비스카인(Key Biscayne) 장로교회에 시무하고 있는 젊은 목사로서, 하나님께서는 그의 성실한 성경의 가르침을 축복하셨다. 전직 대통령이 휴가 기간을 이용하여 그가 시무하고 있는 교회에 출석하여 함께 기도하고 영적으로 신뢰할 수 있는 기회를 갖기도 했다.

후프만 박사는 자기의 친구가 내가 질문한 바로 그러한 죄를 범하여 시련을 겪고 있으며, 그 친구로 인하여 자신에게도 대단히 고통스러운 경험이 있었다고 했다.

다른 사람들과 마찬가지로, 그러한 죄를 범함으로 인하여 영원히 목회를 그만두거나 악한 죄로 인하여 심하게 불구가 된 자신의 목회지를 힘겹게 감당하고 있는 몇몇 목회자들로 인하여 나는 고통스러운 순례길을 걷고 있습니다.

비록 범죄한 당사자와 그의 아내가 애써 그들의 관계를 회복했지만 아직 자신이 범한 죄의 대가를 지불하지 않은 목회자들이 우리 주위에 많이 있습니다.

그러나 사실이 드러나고 모든 것이 끝났을 때, 우리는 죄의 순서가 피라밋 형식으로 되어 있다면 성범죄가 가장 꼭대기에 있다는 것을 보게 되며, 이는 대단히 불행한 사실이라 생각됩니다.

모든 죄는 역시 죄이고 하나님의 가슴을 아프게 하는 것이라는 성경의 기본 입장을 온전히 받아들입니다. 성범죄가 자신의 몸에 미치는 영향력과 상대방의 몸에 끼치는 해로움에는 일종의 상호 작용이 있습니다. 그러므로 우리는 좀 더 깊은 차원에서 생각해 보아야 할 것입니다. 로마서 1장은 근본적으로 죄의 참 본성에 대해 강조하고 있습니다. 죄는 창조주를 섬기기보다는 피조물을 섬기는 것이며, 피조물을 섬기는 것은 궁극적으로 우상숭배가 된다는 것입니다.

바울은 다음과 같이 말하고 있습니다.

"그러므로 하나님께서 그들을 마음의 정욕대로 더러움에 내버려두사 그들의 몸을 서로 욕되게 하게 하셨으니 이는 그들이 하나님의 진리를 거짓 것으로 바꾸어 피조물을 조물주보다 더 경배하고 섬김이라 주는 곧 영원히 찬송할 이시로다 아멘"(롬 1:24-25).

바울은 엄청난 증오심을 불러일으키는 성범죄에서부터 불의, 추악, 탐욕, 악의, 비방, 시기, 분쟁, 사기, 자랑, 부모를 거역하는 것 등 전체적으로 죄를 망라하고 있습니다. 우리의 지도자를 타락시키는 영웅 숭배로 인하여 목회자로 하여금 자기 도취에 빠지도록 부채질하지 말고, 복음적인 교회는 이러한 육신의 죄에 대해 지속적으로 더욱더 신경을 써야 할 것입니다.

후프만 박사는 그리스도의 교회에 적용될 수 있는 자신의 의견을 다음과 같이 제시하였다.

간음죄를 범한 지도자는 자신의 동료로 구성된 모임의 감독과 통제를 받을 필요가 있습니다. 이 모임에서는 동료로서의 최소한의 동정심도 배제해야 하며 조직과 명분이 분명해야 합니다. 사실을 공개해야 할 것인지 아닌지는 환경에 의해 결정되어야 할 것이라고 생각합니다.

얼마 동안 목회를 떠나 있어야 할 것인가 하는 문제는 구성된 모임에 의해 결정되어야 합니다. 우리 교단의 경우 이 일은 장로들의 일이며, 그렇지 못할 경우 총회에서 결정합니다. 환경에 따라 다르겠지만, 죄를 어느 정도까지 은폐했느냐에 따라 1년에서 3년까지로 생각하고 있습니다.

거짓과 기만은 성범죄만큼이나 매우 심각한 것입니다. 내 개인적인 견해로는, 감독기관의 정식 처리를 거부하는 사람은 목회에 다시 임하지 못하게 하는 것입니다. 하나님과 동료들 앞에 솔직한 목회자는 빨리 회복될 수 있습니다.

다른 지역으로 이주하는 것은 문제의 해결이 아니라고 봅니다. 그것은 단지 문제를 다른 곳으로 옮기는 것일 뿐입니다. 가능하다면 범죄한 목회자는 그 범죄한 곳에서 문제를 해결해야 합니다. 그러나 자신이 섬겼던 그 교회에 다시 담임 목회자로 서기는 쉽지 않을 것입니다.

후프만 박사의 무척이나 상세한 답변으로 미루어볼 때, 그가 타락한 지도자와 교회에 얼마나 관심을 갖고 있느냐는 것은 다른 교단의 목회자와 비슷한 것이었다. 그는 성범죄에 따르는 거짓과 기만에 대하여 아주 큰 관심을 보여 주었다. 다른 지도자들이 보였던 반응처럼, 1년에서 3년까지의 유예 기간 후 타락한 목회자가 궁극적으로 회복한다 하더라도 그런 지도자의 생활은 예전과 같지 않을 것이라는 것이 후프만 박사의 경험이다.


## 리처드 리


리 박사는 조지아주 아틀란타의 레호보스 침례교회를 담임하고 있는 젊고 박력 있는 목사이다. 텔레비전 방송 설교가로서 시청자 수가 점점 늘어나고 있으며, 책도 여러 권 썼다.

리 박사는 어떤 상황에서도 타락한 목회자가 회복될 수 있다고 믿고 있었으며, 다음의 성경 구절을 그 근거로 들고 있다.


"만일 우리가 우리 죄를 자백하면 그는 미쁘시고 의로우사 우리 죄를 사하시며 우리를 모든 불의에서 깨끗하게 하실 것이요"(요일 1:9).

"내가 이르기를 내 허물을 여호와께 자복하리라 하고 주께 내 죄를 아뢰고 내 죄악을 숨기지 아니하였더니"(시 32:5).

"주의 얼굴을 내 죄에서 돌이키시고 내 모든 죄악을 지워 주소서 하나님이여 내 속에 정한 마음을 창조하시고 내 안에 정직한 영을 새롭게 하소서 나를 주 앞에서 쫓아내지 마시며 주의 성령을 내게서 거두지 마소서 주의

구원의 즐거움을 내게 회복시켜주시고 자원하는 심령을 주사 나를 붙드소서 그리하면 내가 범죄자에게 주의 도를 가르치리니 죄인들이 주께 돌아오리이다"(시 51:9-13).

리 박사에 따르면, 여기에는 하나님의 앞에서의 회개, 목회자가 죄를 범한 사실의 인정, 그에게 피해를 입은 당사자들에게 용서를 구하는 것들이 최소한의 조건으로 포함되어 있어야 한다는 것이다. 그리고 시기, 방법, 교인들 앞에서의 공개적인 고백 같은 것이 영적으로 경건한 장로들의 회의와 조정으로 심사 숙고한 후에 결정되어야 한다고 덧붙였다.

회복 기간에 대하여는 이렇게 조언한다.

"타락한 지도자를 다룰 때 이제 겨우 예수 믿고 거듭난 사람으로 대하는 것이 현명할 것입니다. 신앙생활을 하는 동안 시련과 시험을 통하여 자라게 되며, 유혹과 시험을 대항하여 싸울 수 있는 자신의 능력을 통하여 내적인 힘을 얻게 되며, 남에게 성도로서 신뢰감을 얻을 수 있는 자신감을 육성하기 위해서는 많은 시간이 걸리게 됩니다. 이와 같이 신앙생활을 처음으로 새롭게 시작하는 것으로 생각하며 이 목회자를 대해야 합니다. 새롭게 믿는 성도에게, 회개한 모든 성도들에게 주님께서는 불의에서 우리를 깨끗하게 해주시겠다고 약속하셨습니다(요일 1:9).

계속해서 그는 이 문제에 대해 언급했다.

"새롭게 목회에 다시 임하기 전에 다른 지역으로 이주할 것을 그 지도자에게 권하고 싶습니다. 그러나 그가 얼마나 회개했는지에 따라, 그에게 상처 받은 사람들의 용서하는 마음과 또한 주변 환경의 많은 부분이 달라질 것입니다."

리 박사는 자신의 죄를 회개하고 치리를 받는 목회자에 대해서는 범죄 현장에서 발각된 목회자들보다 유예 기간을 줄여 주어야 한다고 생각하고 있었다.

앞서 말한 것처럼 새로 거듭난 사람으로 생각하게 되는 경우, 그 목회자가 사역에 새롭게 임하기에 앞서 영적으로 성숙한 성도들이 자신의 내적 성장과 신뢰감이 회복된 것을 알 수 있는 관계가 이루어져야 합니다. 이러한 과정은 공적으로 자신의 죄에 대한 자백과 회개, 그 목회자의 위치에 대한 교회로부터의 재확인, 복음 사역을 위한 궁극적인 새로운 목회자로서의 공적인 위임 등의 절차들이 내포될 수 잇습니다.

또한 자신이 범한 죄에 대한 뼈저린 회개와, 회개에 따르는 진실된 증거, 그리고 자신의 범죄로 인하여 자신 및 다른 사람의 영적 생활에 미치는 해로움에 대한 진실된 통회가 있어야 합니다. 죄의 영향력은 다음과 같습니다.

(1) 하나님의 마음

(2) 목회자 자신의 가족

(3) 그가 목회하고 있는 교회

(4) 지상에 있는 그리스도의 교회

(5) 목회자 자신의 영적 생활

(6) 목회자 자신의 개인적 소명과 사역

(7) 동료 목회자들

자신의 죄가 이러한 면에 얼마나 영향력을 끼쳤는가를 깨닫고 통회하는 자신이 되었을 때 타락의 본질과 결과를 깨닫게 될 것입니다.

반면에 범죄 현장이 발각된 목회자의 유예 기간은 분명치 않을 것입니다. 사람들은 범죄하는 현장에서 발각된 사람이 죄 그 자체를 슬퍼해서 슬퍼하는지 아니면 발각된 것에 대하여 슬퍼하는지 알고 싶어합니다.


## 존 맥아더

존 맥아더 박사는 20년 이상을 캘리포니아 선 밸리(Sun Valley)에 위치한 그레이스 커뮤니티교회(Grace Community Church)의 담임 목사로 시무했다. 그가 시무하는 동안 그 교회는 로스앤젤레스 지역에서 가장 큰 교회로 엄청난 성장을 이루었다. 맥아더 박사는 마스터 대학(Master's College)과 마스터 신학교(Master's Seminary)의 학장이기도 하며, 이 교육기관을 통하여 젊은이들에게 주의 사역을 철저하게 성경적으로 준비시켰다.

맥아더 박사는 여러 권의 베스트셀러 저서를 가지고 있으며, 그의 저서를 통하여 수많은 크리스천들에게 영향력을 주고 있고, 라디오 선교 방송을 통하여 미국에서 가장 뛰어난 성경 교사로 신망을 얻고 있다.

맥아더 박사는 나의 질의에 대해 두 편의 원고를 보내왔다.

다음과 같이 정리하였다.

"나는 근래에 교회 안에 일고 있는 풍조를 보고 경악을 금치 못하고 있습니다. 수많은 크리스천 지도자들이 엄청난 죄를 범하고 있는 것을 보면서 충격을 금치 못하고 있습니다.

그리고 추문에 대한 이야기가 잊힐 만하면 그들은 다시 지도자의 자리로 돌아갑니다. 그러나 슬프게도 기독교인들은 그러한 지도자에게 더 이상의 것을 기대하지 않습니다. 우리는 확실하게 오랫동안 영향력을 미칠 커다란 불행을 안고 있습니다. 기독교 지도자들 가운데 심각한 죄가 전염병처럼 만연되고 있습니다. 교회가 무언가 심각하게 잘못되어 가고 있습니다.[7]

그러나 더 큰 문제는 범죄한 지도자의 죄를 용납하기 위하여 성경이 말하는 그 기준을 낮추고 있다는 것입니다. 교회가 그렇게 타락한 지도자를 다시 복귀시키려고 열망한다는 사실은 교회가 중심부까지 부패하였다는 사실을 나타내고 있는 것입니다.

냉소적인 친구들은 다음에는 어느 목사가 타락할 것인가 관망하고 있습니다. 그러나 그들의 회의적인 태도를 탓할 수가 없습니다. 교회의 현재 상황은 600년 전 ≪캔터베리 이야기≫(*The Canterbury Tales*)에서 초서(Chaucer)가 묘사한 상황과 거의 비슷합니다. 그는 다음과 같이 묘사하고 있습니다.

"만일 금이 녹이 슬면 쇠는 어떻게 될까? 우리가 신뢰하는 성직자가 음락하다면 평신도가 음란하다는 것은 조금도 놀라운 것이 아니다."

초서는 당시의 성직자를 양떼의 거름을 깨끗이 하려는 목동들로 묘사하였습니다.

오늘날 교회들이 이와 같은 비극적인 딜레마에 빠져 있습니다. 슬픈 사실은, 우리 시대에 널리 알려진 종교 지도자 중 일부 또는 대다수가 영적 지도자로서의 자격이 없다는 사실입니다. 아직도 그들은 하나님의 말씀을 전하기 위하여 뜻을 세우고 있습니다. 그리고 그들의 말은 매우 설득력이 있습니다.[8]

보수적인 크리스천들은 오늘날 대부분의 시간을 교리의 순수성을 보호하기 위한 전투에 초점을 맞추고 있습니다. 물론 그렇게 하는 것은 옳습니다. 그러나 그들은 도덕적 순결을 지키는 전투에서는 실패하고 있습니다. 가장 비참한 패배는 아주 널리 알려진 명망 있는 지도자들이 속속들이 참패를 당하고 있다는 것입니다.

교회는 타락한 지도자를 받아들이기 위하여 도덕적 기준을 낮추어서는 안 됩니다. 그 기준을 더욱 더 높여 도덕적 순결을 다시 회복할 수 있어야 합니다. 여기서 실패하면 우리는 완전히 실패하게 됩니다. 우리의 신앙고백이 아무리 정통성이 있다 해도, 우리가 성경적 기준을 적당히 타협하게 되면 승리할 수 없습니다.

교회는 지도자의 위치를 경솔하게 허락해서는 안 된다는 사실을 우리는 기억해야 합니다. 지도자 앞에 놓여 있는 필수 사항은 책망할 것이 없어야 한다는 것입니다(딤전 3 : 2, 10 ; 딛 1 : 7). 이 점은 매우 어려운 요건입니다. 그리고 모든 사람이 다 이 조건을 충족시킬 수는 없습니다.

어떤 죄는 한 개인의 평판을 회복할 수 없게끔 완전히 부서뜨리며, 그를 제 위치로 영원히 돌아오지 못하게 합니다. 왜냐 하면 그는 더 이상 책망할 것이 없는 그런 목회자가 아니기 때문입니다. 하나님의 사람 바울은 그런 범죄의 가능성을 두려워하여 고린도전서 9 : 27에서 다음과 같이 말했습니다.

"내가 내 몸을 복종하게 함은 내가 남에게 전파한 후에 자기가 도리어 버림을 당할까 두려워함이로다."

바울이 몸에 대하여 말할 때 그것은 성적 부도덕에 대하여 말하는 것이었습니다. 고린도전서 6 : 18에서 "음행하는 자는 자기 몸에게 죄를 범하는 것"이라고 말하고 있습니다. 그는 그 죄를 별도로 취급하였습니다. 이죄는 확실히 교회 지도자의 직책을 박탈하게 합니다. 디모데전서 3 : 2에서 감독의 직분을 가진 자는 한 아내의 남편이 되어야 한다고 말씀하고 있습니다.

자신의 평판을 아무렇게나 내던져 버린 목회자를 1년 정도 잠적시켰다가 다시 전적인 사역에 회복시킬 수 있다는 발상은 도대체 무엇을 근거로 한 것인지! 한번 상실한 신뢰는 쉽게 회복될 수 없습니다. 순결을 희생하면 본이 되어 남을 이끌 수 있는 능력이 영원히 사라져 버리게 됩니다.[9)

성범죄가 이 죄에 빠진 사람에게 미치는 영향력은 특별한 것입니다. 성경은 이 사실을 분명히 인식시키고 있습니다. 고린도전서 6 : 18-20과 잠언 6 : 32-33을 보면 성범죄의 영향력은 오랫동안 계속해서 비난받게 되는 특이한 죄입니다. 고린도전서 9 : 27에서 몸을 잘못 사용하면(성범죄가 포함되어 있다) 설교자의 위치를 상실한다고 말하고 있습니다.

어떤 사람이 술에 취하여 교통 사고를 당해 다리 하나를 잃었다면 그것으로 그의 죄는 이미 사하여졌다고 할 수 있습니다. 그러나 어느 누구도 잃어버린 그의 다리를 되돌려줄 수는 없습니다. 그의 죄의 결과가 남은 생애 동안 남게 될 것입니다. 성적으로 범죄한 사람의 불명예와 치욕이 이와 같습니다(잠 6 : 33).[10]


## 로스 로즈

여러 해 동안 성공적으로 복음 사역을 행한 후에 로스 로즈 목사는 1972년, 북캐롤나이나 주 살로테(Charlotte)에 있는 갈보리 교회 (Calvary Church)의 청빙을 수락하였다. 그리고 이후 18년 동안 갈보리교회는 놀랄 만한 성장을 보여 왔다. 로즈 박사는 사랑으로 감싸주는 포용력과 성경을 바탕으로 한 설교로 교인들의 사랑을 받고 있다.

목회자에게서는 금전 문제가 있어도 안 되고, 경우에 따라 나타나는 좋지 않은 개인 성품이나 또는 악한 기질도 다 죄된 것들이며, 성범죄는 그 죄가 폭로되었을 때 미치는 좋지 않은 결과로 인하여 어떤 죄보다 더 사악하다고 로즈 박사는 믿고 있다. 다른 지도자들과 마찬가지로 로즈 목사도 성적인 죄나 도덕적인 죄를, 성경이 여러 차례 우리에게 경고하듯이(갈 5 : 16-21), 다른 어느 죄보다 더 목회자에게 심각한 죄로 보았다.

로즈 박사는 범죄한 목회자가 진실로 회개한 후 이 문제가 대중에게 알려져 사건이 되어서는 안 되고 교회 내의 문제로만 그쳐야 한다고 하며, 또한 회개한 목회자의 사역으로의 회복, 가족과 아내와의 화해, 영적인 회복이 이루어져야 한다고 했다.

"타락하기 전과 사역이 똑같을 수 있을지는 모르겠지만 확실한 것은 헌신할 수 있다는 것입니다"라고 하면서, 목회 경험이 많은 한 범죄했던 노련한 목회자가 어떤 일정한 기간이 흐른 후에 영적으로 회복된 경우를 예로 들었다. 결국 로즈 박사의 이야기는 시간이 치료한다는 것이었다.

그리고 그는, 새로운 사역을 감당하기 위하여 다른 지역으로 옮길 것을 권면받을 때 지도자의 위치로 성급하게 돌아가서는 안 된다고 하였다.

"나는 급히 복귀하려는 목회자를 보고 놀랐습니다. 빨리 이전의 위치로 돌아가려는 것은 실수하는 것입니다."

로즈 박사는 특별히 유예 기간을 정하고 있지는 않았지만, 이 문제는 개인의 범죄한 사실을 토대로 하여 다루어져야 한다고 생각하였으며, 유예 기간은 자신의 수치를 깨닫고 느끼는 정도에 따라 달라질 수 있다고 의견을 제시했다. 범죄한 목회자는 사랑과 분별로 대해야 한다.

나의 질의에 응한 다른 지도자들과 마찬가지로 그도 타락한 목회자를 개인적으로 대해 본 경험이 있었다. 그는 짐 베커 사건이 문제가 되어 신문 전면에 보도 되었던 바로 그 도시에서 몇 달간 목회를 한 적이 있었다. 그는 이렇게 덧붙여 말했다.

"전통적인 견해로 볼 때 대중 앞에서 자백해야 하겠지만, 그러나 이 사건은 공적인 사건으로 진행되어서는 안 됩니다."

(죄된 행동을 멈추고 죄 그 자체에 대해 통회한 후) 개인적인 자각과 회개는 이해할 수 있다고 하면서 그는 계속해서 말했다.

"성도로서 그리스도의 나라의 확장에 해를 주는 일은 덮어 주어야 합니다. 이 말은 죄를 은폐하라는 것이 아닙니다. 다시 말해서 이 말은, 이런 일은 세속적인 언론 기관에 의해 다뤄질 것이 아니라 직분을 맡고 있는 분들에 의해 교회 내에서 책임 있게 다루어져야 한다는 말입니다."

이 사항은 다른 목회자들이 지적하지 않은 사항으로, 로즈 목사의 요지는 성경적이고 적절한 것이었다. 신약과 구약에서 사랑은 허다한 죄를 덮는다(잠 10 : 12, 벧전 4 : 8)고 말씀하고 있다. 오늘날 회개하지 않은 자의 죄는 폭로될 필요가 있다. 그러나 어느 곳에서 폭로되든 그 죄의 폭로는 교회 제직들 안에서 국한되어야 한다. 극소수 범죄자의 죄로 인하여 주님과 그의 교회를 모독하는 자들에게 더 많은 탄약을 제공할 필요는 없는 것이다.

# 찰스 스윈돌

라디오 청취자에게 잘 알려진 "척" 스윈돌 목사는 오늘날 미국에서 가장 인기 있는 설교자이다. 그는 캘리포니아 폴러튼(Fullerton)에 있는 제일 복음주의 자유 교회(the First Evangelical Free Church)의 담임 목사이다. 〈삶의 통찰력〉(Insights for Living)이라는 라디오 성경 강좌는 수백만 명에게 영적으로 도움을 주고 영적 치료를 해주고 있다.

스윈돌 박사는 여러 권의 책을 저술했으며, 성경적인 원리를 일상생활에 독특하게 적용하는 능력을 가지고 있다.

스윈돌 박사는 내가 보낸 질의에 대해 회답을 보내지는 않았지만, 개인적으로 함께 그 문제를 의논한 적은 있었다. 로스앤젤레스의 어느 연회석상에서 우리는 만났다. 그때는 미국의 언론기관이 명성 있고 성공한 한 젊은 목사의 타락을 보도한 지 얼마 안 되었을 때였다. 그리고 나는 그때 목회자 모임의 회원이었다. 연회가 있기 전날 타락한 그 젊은 목사가 시무하던 교회에서 그의 사임을 발표하였고, 그의 사임을 발표한 후에 그 교회 교인들에게 설교를 한 사람이 바로 나였다. 어쩌면 그 설교가 나의 생애 중 가장 어려웠던 설교가 아니었나 생각된다.

우리가 지켜본 그 도덕적 비극이 오늘날 유행병처럼 번지고 있다고 이야기를 하고 있을 때, 나는 척 목사에게, 타락하기 전과 같은 사역을 하고 있는 크리스천 지도자를 알고 있느냐고 물었다.

그는 이렇게 대답했다.

"예, 저도 이 문제에 대해 깊이 생각해 보았습니다. 그러나 성범죄가 폭로된 후에 다시 타락하기 전의 사역으로 회복된 인물들이 제 주변에 있으리라고는 생각할 수가 없군요."

나는 그날 그에게서 분명한 인상을 받았다. 척 목사 자신은 용서와 회개와 갱신된 헌신을 믿지만 오염된 성직자는 예전과 같은 지도자의 위치로 쉽게 돌아올 수는 없다고 확신하고 있었다.

후에 스윈돌 박사는 타락하기 전의 위치로 돌아간 한 크리스천 지도자가 자신의 좌절된 심령을 호소하는 데 대해 그에게 편지를 써서 보내는 식으로 방송을 한 적이 있다. 이미 다른 지도자들과 마찬가지로 스윈돌 박사도 성경은 성적인 죄를 공식적으로 저주하고 있다고 했다. 그 이유로, 이것은 궁극적으로 많은 사람들에게 상처를 입히는 또 다른 기만적인 죄들을 안겨다 주기 때문이라고 하였다.

이 방송을 통하여 특별히 도움을 주었던 내용은, 오랫동안 이중 생활을 하는, 다시 말해서 공적으로는 도덕적인데 사적으로는 부도덕한 생활을 하는 크리스천 지도자는 근본적으로 그 인격의 뿌리에서부터 문제가 있다고 하는 것이었다. 비록 용서는 받지만 이 인격적인 문제로 인하여, 존경받는 목사로서의 크리스천 지도자에게 주는 신뢰감을 다시는 얻지 못할 것이다.

방송을 통하여 스윈돌 박사는 이렇게 설명했다.

점점 그 도가 심해지는 기만적인 음란한 행위를 하도록 이끄는 인격의 취약점을 가진 목회자에 대하여는 공적인 사역에 제약을 가하는 것이 당연한 것입니다. 그들 자신이 회개하지 않았기 때문에 그래야 한다는 것이 아니라, 타락하기 전에 누렸던 특권과 의무를 즐기기 위하여 교인들 앞에서 자기 위치로 돌아갈 때 그리스도의 몸에 추문을 일으킬 수 있기 때문입니다. "목사님을 용서합니다" 하는 이런 용서의 말을 기대하는 범죄한 목회자에 대해 저는 대단히 분노를 느끼며, 기만당했던 교인들은 이 새로운 용서받은 형제가 다시 존경받는 위치로 돌아가 교인들 앞에 설 때…… 조용히 옆으로 비켜 갈 것입니다. 비극적인 죄의 뒤에는 심각하고 비극적인 결과가 따르게 마련입니다. 흠집이 생긴 인격은 불신을 키웁니다.

크리스천의 사역에 있어서 그 능력은 믿을 수 없을 정도로 영향력이 있고 늘 은혜스럽게 보이지만, 그것은 자칫 이기적인 목적을 위하여 쓰여질 수 있습니다. 속이고 싶은 유혹은 그러한 영향력을 행사할 때 강력하게 충동질합니다. 그러므로 끊임없는 감독과 자제와 훈련이 필요합니다.[11]

그러면서 그는 이러한 유혹에 굴복한 목회자는 신성한 신뢰감을 깨뜨리는 것이라고 지적했다. 책망할 것이 없이 살아가야 한다는 디모데전서 3:1-7의 말씀을 어긴 것이며, 그러므로 그런 사람은 지도자로서의 자격이 없다고 했다.

목회를 얼마 동안 떠나 있어야 하는지에 대해서 그는 자세히 밝히지 않았다. 그러나 복귀가 가능하다 해도, 스윈돌 박사는 이른 복귀를 찬성하고 있지 않음을 분명히 밝혔다. 스윈돌 박사는 다른 사람들의 의사에 개의치 않고 자신의 권리를 주장하며 공적인 사역에 복귀하기를 주장하는 소수의 타락한 지도자들의 태도에 대해 논평을 다음과 같이 했다.

상하고 통회하는 심령에 대해 말하는 사람은 거의 아무도 없습니다. 오늘날 용서받은 죄인들이 그들로서는 해서는 안 될 그 이상의 것을 주장하거나 기대하고 있다고 나는 담대히 말하고 싶습니다. 이러한 태도를 성경은 주제넘은 행동이라고 말하고 있습니다. 상하고 통회하는 심령은 주제넘은 생각이나 어떤 기대를 하지 않습니다. 주제넘은 생각은 공적인 사역을 위해 강단으로 복귀하고 싶은 저돌적인 욕망을 스스로 나타내고 있는 것입니다.

이 욕망이 허락되지 않을 경우, 거절당한 목회자는 비난의 희생물로서 자신을 나타내 보입니다. 이러한 반응은 대단히 교묘한 구석이 있으며, 대단한 혼란을 가져오게 합니다.

이 전체적인 시나리오에서 나는 다른 사람 앞에 온전한 겸손과 하나님 앞에 철저히 겸손한 순종이 결여되어 있음을 발견하게 됩니다.[12]

## 요약

이 문제에 대한 이상의 크리스천 지도자들의 견해는 성경을 바로 믿는 목회자들 사이에서 가장 모범적인 의견으로 제시되고 있는 것들이다. 우리가 기대한 대로, 타락한 지도자는 우선 회개해야 하고,

자신의 결혼 생활이 원만해지도록 부지런히 노력해야 한다는 것이 모든 지도자들의 일치된 의견이었다. 장차 임할 사역도 아내와 가족과의 견고한 관계에 달려 있는 것이다.

타락한 교역자도 용서받을 수 있고 하나님께서 다른 분야에서 사용하실 수 있다는 것에 대해서도 모두가 의견을 같이 했다.

그런데 궁극적으로 강단 사역의 복귀가 가능한지에 대해서는 기본적으로 입장을 달리하고 있었다. 제리 팔웰과 크리스웰 박사는 타락한 목회자는 다시는 담임 목회자로서 강단에 회복될 수 없다고 했다. 그리고 존 맥아더와 척 스윈돌은 죄를 범한 지 시간적으로 오래 된 상태에서 강단에 복귀한다 해도 그 사역이 타락 전과 같지 않을 것이라고 의견을 같이 하고 있다.

또 다른 지도자들은, 타락한 목회자 자신이 도덕적, 영적으로 준비 기간을 갖고 적절한 징계 기간을 지낸 다음에는 공적인 설교 사역을 감당할 수 있도록 회복을 허락해야 한다고 했다.

모든 지도자들이 목회 사역으로의 성급한 복귀를 책망했다. 그리고 부도덕한 행위에 무방비한 태도를 취하는 기독교가 하고 있는 위험에 대해서도 모두가 경고하고 있다. 대부분의 지도자들이 다른 어느 죄보다 성범죄는 더욱 심각한 죄라고 생각했다. 성범죄를 교회의 징계가 따르는 그리스도의 몸에 범하는 죄로 밝히고 있다.

타락한 지도자가 복귀할 수 있다고 생각한 지도자들은 그 유예기간에 대해 여러 가지 견해를 나타내고 있다. 죄의 내용과 얼마동안 그 죄를 숨기고 범죄하며 살아왔는지를 확인하여 개별적으로 다루어야 한다는 데에는 모두가 같은 생각이었다. 회복을 생각하기 전에 참으로 회개했는지를 식별할 필요가 있다고 몇몇 지도자들은 언급했다.

유예기간을 2년 이내로 잡은 사람은 아무도 없었다. 어떤 지도자는 환경에 따라 5년까지도 생각했다. 질의에 응한 모든 지도자들이, 타락한 목사는 신뢰받을 수 있는 지도자로 자신을 바꾸어야 한다고 믿고 있다.

그러나 몇몇 지도자는 세계적으로 유명한 지도자의 경우 가증스럽고 치욕스러운 죄로 인하여 씻을 수 없는 비난을 남겨 놓은 예에 동의하고 있다. 배신의 기억으로 인하여 그들은 영적으로 교인들을 인도할 수 없으며 흠이 없이 설 수 없게 된다(딤전 3:1-2). 이것이 죄의 비극적인 결과이다.

질의에 응답해 준 모든 지도자들이, 앞으로도 이러한 비극은 계속해서 발생할 것이며 따라서 공개적으로 이 문제를 논의하며 그리스도의 나라가 확장되도록 헌신해야 한다는 의견에 동의하고 있다. 이 책을 비롯해서 이 책과 비슷한 내용을 다룬 책들이, 도덕적 파문으로 인하여 비싼 대가를 치러야 하는 목회자들에게 경각심을 주고 또 그들이 유혹에 접하게 될 때 극복할 수 있는 힘을 줄 수 있게 되기를 바라는 마음 간절하다.

# 제 10 장

## 개인적인 의견

다른 사람들이 자신들의 의견을 굳힌 논쟁의 여지가 있는 문제에 대해 의견을 또 내놓는다는 것은 별로 달가운 일이 아니다. 그렇지만 여기에 나름대로의 의견을 제시하려고 한다. 이 의견은 결론이 아니다. 다만 여러 해 동안 생각해 온 것을 조심스럽게 정리하여 본 것이다. 여론 조사나 통계를, 또는 의견 수렴을 하려고 의도한 바는 아니었지만 약 20여 명의 목회자와 개인적으로 이 문제에 대해 논의한 적이 있었다.

# 세 가지 중요한 문제

나의 개인적인 견해를 제시하기 전에, 사역에 회복하려는 목회자들에게 이전부터 하고 싶었던 세 가지 질의 사항을 먼저 검토해 보고자 한다.

## 목회자의 참된 인격이란 무엇인가?

성범죄는 너무 비통한 것이고 또 성경의 가르침과 성령의 내주하심에 역행되는 것이므로 인격 취약성의 죄로 깊이 생각해야 한다.

어느 누구도 단지 성적인 죄만 범하지는 않는다. 그런 상황에서는 반드시 거짓이 따르게 마련이다. 성범죄를 시작하기 위해서는, 그리고 그 범죄 사실을 완전히 은폐하기 위하여는 간혹 교묘한 거짓말의 거미줄이 묘하게 쳐지게 마련이다. 간음한 자들은 자신의 죄를 은폐하기 위하여 속이고 훔치고 심지어 죽이기까지 하는 것이다.

다윗 왕이 전형적인 인물이다. 밧세바에게 음욕을 품고 간음죄를 범한 후 자신의 죄를 은폐하기 위하여 교묘히 거짓된 수단으로 마침내 그녀의 남편까지 살해한다. 이스라엘의 아름다운 시편은 쓴 기자가 간음죄를 범한 후 이런 유치한 행위를 하였는데 하물며 어떻게 우리가 간음죄를 범한 자를 믿을 수 있겠는가?

성범죄에 빠졌던 사람들에게서는 심각한 인격적인 결점이 발견된다. 솔직히 말해서 성적으로 부도덕한 행동은 한창 중년위기의 진통을 겪을 때, 그리고 지나치게 일에 시달리거나 영적으로 성령 충만하지 못할 때 쉽게 발생할 수 있다. 그 때 심각한 인격적인 약점이 나타난다. 그리고 목회 사역에 회복하는 데 어려운 장애가 된다.

성범죄의 상황을 조사해 보면 한 가지 문제 때문에 생기는 것이 아니다. 모든 문제의 경우를 하나하나 다 평가해야 한다. 목회 사역으로의 회복은 성 행위 자체를 근거로 하지 말아야 하며, 그러한 범죄행위가 목회자의 인격의 어떠한 면을 나타내고 있는지를 근거로 해야 한다.

그의 죄에 대하여 얼마나 많은 거짓된 행위를 했는가?

자신이 솔선수범해서 불륜의 관계를 청산했는가?

회개는 하였는가?

그가 이런 성적 범죄에 연루되어 있으면서 성적 문제나 결혼에 대해 성경을 바탕으로 하여 담대하게 말씀을 전하는 위선적인 행동을 하지는 않았는가?

자신의 죄를 회개하기 위하여 제직회를 소집하고 제직들과 만난 적이 있었는가?

교회 제직 또는 장로들이 만났을 때 그의 반응은 어떠했는가?

자신이 범한 죄에 대해 자원하여 개인적으로 책임을 지려고 하는가, 아니면 남을 원망하는가?

교회의 치리에 순종하는가?

자신의 사역으로의 회복을 위하여 동료 목회자들이나 하나님의 자비하심에 자신을 의탁하기를 원하고 있는가?

즉각적인 목회의 회복을 고집하고 있는가?


### 성범죄는 얼마나 오랫동안 지속되었나?


회복을 위하여 생각할 수 있는 두 번째 관심사는, 부정한 성관계의 기간과 얼마나 많은 부정한 관계를 가진 후에 그 관계가 종식되었는가 하는 문제이다.

분명한 것은 한번 성범죄에 빠진 목회자와 수십 번 범죄한 목회자는 다르게 다루어져야 한다는 것이다. 이와 마찬가지로, 12개월 동안 부정한 관계를 끌어 온 목회자는 7년 동안 관계를 가져 온 목회자와는 다르게 취급되어야 한다.


이런 상황에 처한 목회자의 경우를 알고 있다. 그는 죄를 범하고 도저히 죄의 짐을 지고 살아갈 수가 없었다. 그래서 그 목회자는 죄를 범한 후 곧 하나님께 돌아왔다. 이 목회자의 경우, 그는 10년간의 그의 목회 생활 중에 1개월 가량 죄의 사슬에 매여 있었다. 자신이 죄를 판단할 수 있고, 그 죄에서 도망쳐 나올 수 있었다는 점에서 그의 영적 생활과 인격의 능력을 쉽게 가름해 볼 수 있다. 솔직히 말한다면 일단 성적인 죄를 범했다는 것은 그가 심각한 약점을 가지고 있다는 것이 된다. 그러나 그가 그 죄를 계속 범하지 않겠다는 그 사실은 그 목회자에게 진실된 인격과 영적 생활에 긍정적인 면이 있음을 나타내 주고 있는 것이다.

목회자들은 영적으로 유리한 입장에 처해 있다는 것을 기억할 필요가 있다. 심판의 날이 매주 토요일 밤이면 찾아오고 있으니 말이다. 냉랭하여 성령의 감동에 민감하지 못한 목회자는 자신의 심령 속에 있는 죄를 회개하지 않고 성도들을 대하려 하며, 주일 아침 성령께서 그에게 능력을 주시기를 여전히 기대하고 있다.

성적인 죄를 범한 목회자는 늘 후회하고 남모르게 회개하며, 범죄한 후에는 설교를 하거나 가르치는 일에 상당히 어려움을 겪게 된다. 그는 예수 그리스도의 보혈에 호소하며 용서를 구한다. 왜냐 하면 하나님은 신실하시기 때문이다. 그리고 그럴 때 목회자는 성도들의 심령 속에 있는 열매를 볼 수 있을 것이다.

그러나 그가 다시 타락한다면 그는 죄 속에 그대로 있는 것이 더욱 편할 것이다. 시간이 지나면서 자신의 부도덕했던 행위와 성령의 역사까지도 감각이 점점 약화되게 된다. 그리하여 그의 죄가 공적으로 폭로되었을 때에는 이미 회복할 수 있는 단계를 넘어서게 될 것이다. 성령께서 부르시는 그 한계를 넘어선 것이다.

내가 알고 있는 어느 목회자는 그의 목회 생활 중 3분의 1 이상을 계속 죄를 범하며 살아 왔고, 그 결과 자신의 성령께서 책망하는 소리를 억누른 채 음란한 행위를 계속했다. 분명히 그는 죄를 계속 범하는 자에게 주시는 경고의 말씀인(요일 5:16) 사망에 이르는 죄를 범했다. 죄가 폭로된 지 수개월 후에 그는 갑자기 비극적인 죽음을 당했다.

### 얼마나 많은 사람들이 관계되어 있나?

간음한 목회자가 다시 목회에 임할 수 있는지를 타진할 때, 먼저 그 죄에 관계되어 있는 사람이 몇 명이 되는지를 생각해 보아야 한다. 그 목회자가 한 사람과 문제가 있었는가, 아니면 여러 명과 관계가 있었는가?

여러 명과 관계가 있었다면 몇 명인가? 조사에 의하면 성경을 믿는 목회자들은 한 번의 도덕적 부정에도 목회 사역으로의 회복을 허락하려 하지 않는다. 그럼에도 불구하고 한 부흥하는 교회에서는 한 명의 여성과 부정한 관계를 가졌던 목회자를 다시 복직시키려는 쪽으로 기울어지고 있었다. 물론 참된 회개의 모습이 보였고 죄에 빠져 있던 기간이 짧았다. 그러나 목회자가 두 명의 여성과 부정한 관계를 맺었다면 회복의 기회는 더욱 멀어지고, 세 명의 여성과 부정한 관계를 가졌다면 회복하지 못할 위험스러운 경우가 될 수 있을 것이다.


## 그리스도인의 회복

갈라디아서 6:1의 "형제들아 사람이 만일 무슨 범죄한 일이 드러나거든 신령한 너희는 온유한 심령으로 그러한 자를 바로잡고 너 자신을 살펴보아 너도 시험을 받을까 두려워하라"는 가르침과 본서 8장의 인물들의 가르침을 토대로 하여 볼 때, 타락한 목회자는 어떤 조건 하에서 회복할 수 있다고 생각한다.

갈라디아서의 이 말씀은 회복에 관한 말씀으로 어떤 특정한 죄나 특정한 인물을 열거하고 있지 않다. 따라서 이 말씀에는 간음죄를 범한 목회자도 다 포함되는 것이다. 죄에 빠져 있는 그리스도인을 회복시키기 위한 목적으로 이 말씀은 적용된다.

내가 만났던 타락했던 목회자들 대부분이 죄를 청산한 후 참되게 회개하고 주님과의 관계를 새롭게 한 후에 더욱 더 성실한 목회를 하고 있다.

성경에 타락한 목회자는 다시는 목회와 공적인 사역을 할 수 없다는 특별한 말씀이 없기 때문에, 충실한 회복 시기를 위해 요구되는 적절한 치리에 순응하고 일정한 유예 기간을 가질 때 점차적으로 성령께서 그에게 허락하시는 사역이 주어질 것이라는 결론을 내려 본다. 만일 그 목회자의 남은 생애 동안 어떤 형태로든지 감독받기를 순종한다면 말이다.

타락한 목회자는 자신을 부수고 겸허한 심령으로 새롭게 사역에 임해야 한다. 몇몇 경우의 타락한 목회자의 간음죄는 대단히 비싼 대가를 치러야 한다는 성도들의 본보기가 된다(고전 10 : 11). 사역으로 회복된다 해도, 그 사역은 타락하기 전과 같지 않을 것이다.

모든 그리스도인들은 역시 죄인이다. 완전한 그릇으로 계속해서 하나님의 말씀을 전할 수 있을 정도로 책망 받지 않을 만큼 흠이 없고 온전한 목회자만 목회를 한다면 수많은 교회를 채울 수 있는 자격 있는 목회자가 충분하지 못할 것이다.

목회자가 간음죄를 범하는 것은 비난받기에 충분하지만 나로서는 그것을 회복될 수 없는 죄로 단정할 이유를 찾지 못했다. 특별히 성경상의 인물들의 삶을 보게 되면 어떻게 거룩하신 하나님께서 다윗과 같은 살인자이며 간통한 자를 불쌍히 보셨을까 하는 의문이 생길 것이다. 그 대답은, 하나님께서 우리의 회개한 죄를 더 이상 기억하지 않으시기 때문이다(히 10 : 17).

간음죄는 회개할 수 없는 죄인가? 물론 그렇지 않다. 하나님은 간음한 목회자를 용서하시며, 뿐만 아니라 그들이 참으로 용서를 구하고 기꺼이 회복의 대가를 치르려 할 때에는 그들의 필요까지도 공급하신다.


## 회복은 타락에 의해 결정지어져야 한다

나는 타락한 목회자도 회복될 수 있다는 것을 성경의 가르침을 통하여 믿지만 또한 타락한 목회자 모두가 회복될 수 있다고는 믿지 않는다. 모든 목회자는 다 각각 다르다.

성적인 죄를 범한 환경 역시 근본적으로 다르게 마련이다. 범죄한 목회라는 이 장의 서두에서 지적한 것처럼 세 가지 각도에서 개별적으로 평가되어야 한다. 수년 동안 그 목회자는 익히 잘 아는 영적으로 성숙한 사람들로 편성된 모임에 의해 평가되어야 한다.

첫째, 목회자의 진실된 인격을 조사해야 한다. 그가 어떻게 자신의 죄를 다루고 있는가? 만일 그가 범한 죄를 감추기 위한 수단으로 거짓된 모습을 보여주고 있다면 그는 회복할 준비가 되어 있지 않은 것이다. 그가 진실된 회개의 분명한 증거를 보여 주지 않는다면 그는 회복의 준비가 되어 있지 않은 것이다. 만일 자신의 죄에 대한 치리를 거부할 때, 그는 또한 회복하기 위한 준비가 되어 있지 않은 것이다.

반면에 타락한 목회자가 진실로 통회 자복하며 자신의 죄로 인하여 회복위원회가 제시하는 치리에 기꺼이 순종하면 그는 회복으로 가는 과정에 있는 것이다. 목회자 자신이 성범죄에 빠지기 쉬운 자신을 발견하고 정기적으로 자신을 점검하며 영적으로 근신하는 자세를 갖게 되면 그는 회복에 이르는 두 번째 단계에 발을 내딛고 있는 것이다.

둘째, 목회자가 성범죄에 개입된 기간을 생각해야 한다. 그 목회자가 수년 동안 계속 범죄하는 생활을 해 왔다면 성령께서 그의 죄에 대해 일깨워 주시는 경각심에 무뎌졌다는 사실을 말해 주는 것이 된다. 그런 목회자는 회복의 준비가 되어 있는 상태가 아니다. 아마도 회복할 수 없을 것이다. 그런 사람에게는 자신의 도덕적 순결과 신뢰감을 바로잡을 시간이 필요하다. 성범죄에 오랜 기간 동안 빠져 있으면 있을수록 영력을 회복하며 신뢰를 되찾는데 그만큼 더 오랜 기간이 필요할 것이다.

그러나 목회자가 범죄한 후 곧 즉시로 자원해서 그 행위를 멈추고 더 이상 범죄하지 않는다면, 그가 죄에 대해 민감한 반응을 나타내고 있는 것이다. 이것은 회복을 위한 청신호이다. 그렇다고 이 말이 간음죄가 가볍게 취급되어도 된다는 말은 아니다. 다만, 근본적인 인격은 일시적(순간적)인 인격적 약점보다 강하다는 것을 나타내는 것이다.

셋째, 관련된 여성의 수이다. 목회자와 부정한 관계를 나눈 여성의 수를 생각해야 한다. 나의 의견으로는 여러 명의 여성과 부정한 관계를 맺어 온 목회자나 크리스천 지도자는 공직에 복귀해서는 안 된다고 생각한다. 여러 차례 이런 일을 저질렀다는 것은 그 목회자가 이 분야에 너무 약하기 때문에 영적 지도자의 위치를 감당할 수 없다는 것을 증명하는 것이 된다. 남성으로서 거룩한 삶을 영위하기가 어렵기 때문이다.

도덕적으로 부정한 사건으로 인하여 교단에서 조사를 받은 어느 목회자가 있었다. 일단 의심을 받게 되자 전임 목회지를 조사하게 되었고, 4명의 각각 다른 여성과 관계를 가진 사실이 드러났다. 그러한 고질적인 죄로 인하여 그 목회자는 신뢰받는 지도자로서의 자격을 박탈당했다. 이제 그는 주의 사역에 복귀한다 해도 다른 분야에서 일을 하게 될 것이다. 다시는 목회자로서 일을 할 수 없을 것이다.

## 사악한 자의 길은 험하니라 (잠 13 : 15)

나는 성범죄는 결코 가볍게 다루어서는 안 된다고 믿고 있다. 성적 부도덕은 목회자가 범하는 죄 중에서 가장 비통한 죄이다. 이단, 주님을 배반하는 것, 살인 다음으로 배신감을 주는 것이라고 생각한다. 왜냐 하면 이 죄에는 너무 많은 사람들이 관련되기 때문이다. 주님, 범죄한 목회자의 아내, 가족, 간음한 여성, 그녀의 가족, 교인, 그리고 전도해야 할 영혼 등.

목회자가 성적인 범죄로 자신의 위치를 더럽히게 되면, 그는 범죄하기 전의 자신의 성실한 태도와 자신의 위치로 다시는 회복될 수 없게 된다. 하나님께서는 상당한 유예 기간을 허락하신 후에 다른 사역에 그를 사용하실 것이다. 만약 성적인 죄를 범하지 않았다면 정상의 자리를 차지할 수 있었을 것이라고 생각하지는 않는다. 어떤 경우에서라도 그는 간음죄를 범할 수밖에 없었을 것이다. 용서는 하지만, 그를 바라보는 각도는 변함없을 것이다.

간음죄의 결과는 결코 용이한 것이 아니다. 어떤 이들은 교회 내에 소동이 일어나는 것을 원치 않기 때문에 그 죄를 가볍게 다루려고 한다. 예를 들어 교인 중의 결혼한 여성과 간음한 목회자가 있다고 하자. 그녀의 남편이 이 사실을 알고는 교회와 자신의 가정을 보호하기 위해 모든 사실을 제직회나 당회에 알리지 않고 조용히 다른 교회로 이적할 경우, 이는 목회자의 범죄 사실을 적당히 보아 넘기는 것으로 절대로 목회자나 교회를 도와주는 것이 아니다. 그녀는 남편을 공식적으로 제직회에 알려야만 한다. 그리고 제직회에서는 그 목회자가 성적으로 부도덕한 사실에 관련된 것을 알았을 때 또 다른 여성 피해자가 있는지를 알아야 한다.

죄란 미묘한 것이다. 처음에 죄를 가볍게 처리하면 죄에 대한 거부감이 적게 된다. 제직회는 목회자를 만나고, 앞으로의 도덕적인 감찰을 위하여 목회자의 아내에게 조언을 주어야 한다. 공적인 폭로는 분명히 사역에 회복하는 것을 어렵게 만든다. 그러나 갈라디아서 6장 1절의 말씀처럼, 만나야 하는 목적은 친교와 봉사가 아니라 회복 때문이다.

제직회는 교인 중의 여자 성도들을 보호하며, 하나님께 그를 치리하실 수 있는 기회를 드리며, 가까운 시기에 또 다른 유혹이 다가올 때 쉽게 빠지지 않도록 그 목회자를 사임시켜야 한다.

그리고 목회자는 목회자로서의 자격을 점검하며 자신을 재검토할 필요가 있다. 존경과 신뢰감을 되찾는 데에는 시간이 걸리게 마련이다. 처음 자신이 목회자로서 부름을 받았을 때 자신을 진단하는 것보다 더욱 많은 시간이 필요하다.

자신의 담임 목사가 이성(異性)으로 인하여 범죄하였다면 어떤 반응을 나타내는지를 알아보기 위해 경건한 여자 성도들에게 물었다.

"여러분이 사랑하고 존경하는 여러분의 담임 목사가 간음죄를 범했을 경우, 그가 죄를 고백하고 자신의 아내에게로 돌아왔다면 여러분은 그를 용서하시겠습니까?" 모든 여성들이 대답했다.

"예".

그때 나는 덧붙였다.

"만일 그가 진정 회개했다면 1년 내지 2년 동안 목회지를 떠나 있다가 동료 목회자들에 의해 목회지에 복권이 되었을 때 여러분은 여러분과 여러분의 가족이 그 교회에 출석하고, 또 그의 지도하에 자녀들이 영적으로 성장하도록 하시겠습니까?"

90퍼센트의 여성들이 "아니오"였다.

어느 크리스천 상담원이 이 간음죄에 대해 잘못 생각했다. 목회자가 회개하고 상대방인 여성의 가족이 교회를 떠나자 그 상담자는 제직회나 목회자, 아내에게뿐만 아니라 어느 누구에게도 이 사실을 폭로할 필요를 느끼지 않았다. 그러나 그로 말미암아 그는 또 다른 간음 사건이 일어날 수 있는 여지를 만들게 되었다. 이 상담자는 얼마나 큰 잘못을 저질렀는가?

그 목회자는 쉽게 그 범죄로부터 빠져나올 수 있었고, 2년 후에 같은 죄를 반복하여 범했다. 그러나 이번에는 그의 타락이 대중에게 불명예스럽게 알려졌고, 많은 사람에게와 그리스도의 나라가 확장되는 데에도 큰 해를 입혔다.

범죄자의 길은 험난하다는 또 다른 예가 있다. 그는 범죄한 후에 바른 길로 가고 있으면서도 수주일 동안을 이전의 간음 행위에 대해 회개했다. 성령께서 그의 죄를 깨닫게 하실 때 그의 인생에는 고뇌밖에 없었다. 그는 회개하고, 주님과 자신의 아내와의 관계를 재정립하려고 노력했다.

그리고 어느 신뢰할 수 있는 장로가 죄의 반복되는 가능성을 우려하여 어떤 대책을 세웠다. 그 후 수년 동안 하나님께서 그 타락했던 목회자를 축복하셨다. 교회가 성장하여 교인이 늘고, 지교회를 여러 개 세웠고, 많은 영혼이 그리스도께 돌아왔으며, 선교지에도 수백만 달러를 보냈고, 선교사 후보생과 장래 목회자 후보생들이 그의 설교를 통하여 하나님 앞에 결단하는 역사가 있었다. 분명히 회개한 후에 하나님께서는 그를 선하게 사용하셨다.

그런데 10년 지난 후 그의 타락의 소문이 누설되자 그와 그의 가족은 비참하게 되었고, 하나님께서 그렇게 강력하게 쓰신 그 교회에서 불명예스럽게 사임을 했다. 그는 1년간 자진해서 교회를 떠났고, 동료 목사들의 조사가 있은 후에 다시 재임명 되었다. 오늘날 그는 협동 목사로서 목회 사역의 뒷전에 서 있다.

비록 죄를 회개하고 청산했다 하더라도 그의 생애 속에 그 대가를 치르지 않은 사람을 본 적이 없다.


## 회복은 대단히 어렵고 힘든 일이다.

어떤 설교자가 그의 친구에 대한 이야기를 들려주었다. 그는 대형 교회와 선교하는 교회를 지향했던 목사였다. 그의 친구 목회자가 아내와 세 자녀를 두고 다른 여성과 동거하기 위하여 다른 도시로 도피했다는 소식을 듣고 이 설교자는 견딜 수가 없었다. 아무리 그 친구에게 전화를 하고 편지를 해도 응답이 없었다. 그리하여 그 도시를 샅샅이 찾아 헤맨 끝에 마침내 그 친구가 사는 곳을 찾을 수 있었다.

그 친구가 문을 열었을 때 그들은 아무 말도 못하고 서로 쳐다보기만 했다. 그러다 마침내 그의 친구가 울음을 터뜨렸다. 결국 이 설교자의 사랑스러운 배려로 인하여 그 친구는 회개하고 가족의 품으로 돌아왔다. 이 설교자는 그 친구가 그 교회 성도에게 설교할 수 있는 기회를 마련해 주었다. 주일 예배 때 이 설교자는 예배가 끝나고 성도들이 그 자리에 남아 있어 줄 것을 부탁했다. 그는 범죄한 목회자를 강단으로 불러 올렸다. 그 목회자는 회개하고 용서를 구하면서 사임을 밝혔다. 그리고 자신은 더 이상 목회자의 자격이 없음을 인정했다. 교회는 눈물바다가 되었다. 많은 성도들이 그를 껴안고 눈물을 흘리며 그를 위해 기도해 줄 것을 약속했다. 교회는 다른 목회자를 청빙했고, 교회가 성장함에 따라 이 비극적인 사건은 뒤로 접어지게 되었다.

1년이 지난 후 다른 어떤 도시에서 이 타락한 목회자의 친구이며 설교자의 친구이기도 한 어떤 목회자가 자신이 목회하고 있는 교회의 부목사로 그를 불러 주었다. 3년 동안 그는 그 교회에서 성공적으로 부목사로 열심히 일했고, 3년이 지난 후에는 그 지역의 다른 교회에서 담임 목사로 와 달라는 청빙을 받았다.

그러나 그 때 또 한번 그는 성적으로 부도덕한 행동을 저질렀다. 이제 다시는 그가 목회 사역에 회복할 수 없을 것이다.

회복을 위한 노력이 대단히 성공적인 목회자도 있다. 나는 개인적으로 자기의 사명을 잘 감당하고 있는 3명의 목회자를 알고 있고, 여전히 충성스럽게 하나님을 섬기고 있다고 주장하는 7명의 사역자들을 알고 있다. 이들 중 몇 목회자는 설교나 목회는 하고 있지 않지만 이러한 사역과 관계된 다른 분야에서 열심히 일을 하고 있다. 아무튼 그들 모두가 귀한 교훈을 깨닫고 지금 하고 있는 사역을 꾸준히 행하고 있다. 적어도 내 생각에는 이 목회자들은 용서받았고, 공적인 사역을 할 수 있도록 회복될 수 있다고 본다.

그러나 그들에게는 생활도 목회도 타락 이전과 같지 않을 것이다. 영원한 세계에 이르러서야 그들은 눈에 흐르는 눈물을 닦을 수 있을 것이다.

# 제 11 장

## 타락한 목회자를 회복시키기 위한 방법

모든 타락한 목회자들에게 용서와 영적 갱신이 필요하다. 복음의 기쁜 소식은, 회개할 때 하나님께서 죄인을 용서하실 뿐 아니라 예수 그리스도의 보혈이 모든 죄를 깨끗하게 하신다는 것이다(요일 1 : 7). "깨끗하게 하신다"라는 말의 동사는 헬라어에서는 계속되는 행위를 나타내고 있다. 다시 말해서 이 말은 그리스도의 보혈이 계속 우리를 정결케 하신다는 말씀이다. 그리스도인으로서 우리는 계속해서 정결함을 받을 수 있다. 우리 죄를 자백하고 회개할 때마다.

교회가 이 회복의 과정을 책임져야 한다는 사실을 우리는 갈라디아서 6장 1절 말씀을 통하여 알 수 있다. 회복은 용서받는 것처럼 순간적인 체험이 아니라 과정이다. 이 회복의 과정은 그 목회자가 자신의 영적 생활을 갱신할 수 있도록, 결혼 생활과 가정생활을 다시 원만한 관계로 이루어지게끔 도와주는 것으로 시작되어야 한다. 이상적으로 이 회복의 과정이 목회를 다시 할 수 있도록 회복할 때까지 진행되어야 한다는 사실을 기억해야 한다.

다음에는 교회에서 회복위원회가 채택하거나 참작하여 새로운 안(案)을 만들 수 있는 기본적인 모델을 제시하려고 한다.


## 회복위원회

타락한 목회자를 도와 함께 일할 회복위원회가 필요하다는 것은 갈라디아서 6장을 통하여 이미 살펴본 바이다. 회복위원회는 교단 자체의 치리 규정이 결여되어 있는 교회에서 담임 목회자나 영적 지도자들에게 절실히 요구된다.

문제가 발생했던 그 교회에서 회복위원회가 조직이 되고 활동이 시작되면 늘 도움이 되기 마련이다. 이 회복위원회는

첫째, 타락한 목회자를 가장 잘 알고 있는 사람들로 구성되어야 한다.

둘째, 영적으로 깨어 있는 지도자들이 타락한 목회자와 그의 가족을 책임 있게 돌보아 줄 수 있다는 사실을 교인들에게 알림으로써 연합된 힘을 나타낼 수 있다.

셋째, 그 위원회가 사랑으로 섬기고 각자 적극적인 관계를 확인하며 맡은 일을 통하여 주님을 섬길 때 타락한 지도자와 교회 사이에 이 회복위원회가 완충 지역을 형성할 수 있다.

교회 자체에 너무 조직력이 결여되어 있고 또 교인들이 목회자의 부도덕한 문제로 분노에 차 있어 적절한 회복 과정의 절차를 밟기 어려울 경우, 그 목회자와 친분이 있거나 함께 일한 다른 교회의 목회자들에게 회복위원회를 구성하여 달라고 요청한다. 모든 위원회 위원들은 교회와 타락한 목회자에 대해 우선적으로 신경을 써야 한다.

회복위원위의 임원은 엄선해서 선정해야 한다. 임원들은 막중한 책임을 효과적으로 감당할 수 있는 영적으로 성숙한 사람이어야 한다. 회복의 과정에서 여러 가지 문제에 부딪칠 때 식별력과 사랑과 지혜를 가지고 일할 수 있는 정도의 능력 있는 사람들이어야 한다. 예를 들어 그 모임에서 어떤 사람은 목회자의 영적 갱신에 대하여, 다른 사람은 결혼 생활에 대하여, 또 다른 사람은 목회자의 도덕적인 행위에 대해 특별히 평가할 수 있어야 한다.

그들이 진행하는 일 자체가 대단히 민감한 작업이기 때문에, 구성원들은 모든 논의 사항과 행하고 있는 모든 사실에 대해 비밀을 지킬 수 있는 성실한 사람들이어야 한다. 이러한 이유에서 나는 이 위원회의 인원을 3~5명까지로 제한할 것을 권장한다.

그 목회자의 회복을 원칙적으로 반대했거나 목회자를 향하여 드러내 놓고 혐오감을 나타냈던 사람들은 이 위원회 임원으로는 적합하지 않다.

어떤 회복위원회는 타락한 목회자의 회복을 반대했던 사람이 위원장이 되어, 회복위원회가 취조위원회가 되어 버린 경우가 있었다. 이경우, 타락한 목회자에게 적대시할 비극적인 상황이 처음 위원회가조직될 때부터 기다리고 있었던 것이다. 그 때 목회자의 회복을 반대했던 위원장 외에도 자신들의 직위를 이용하여 그 목회자에게 보복하려 했던 2명의 임원이 더 있었다. 그리고 이 위원회가 무용지물이되어 버렸을 때 위원장직을 맡았던 그 사람이 마음을 돌이켜 전임 목회자와 교인들에게 사과의 편지를 띄웠다. 그러나 그 때는 이미 모든일이 끝났을 때였다.

그런 회복위원회가 교회 내에 적대적인 분위기를 조성하게 되면새로이 청빙한 목회자가 목회할 때 당분간 교회가 안정을 취하지 못하게 된다.


## 사역을 위한 회복 절차

회복위원회의 기능은 일자리를 찾는 것과 관계된 문제에 대해 협조하고 사랑을 보이며, 진행 과정을 점검하고 감독하며, 목회자의 영적 생활과 결혼 생활의 갱신을 도와주는 데 있다. 위원회 임원과 위원장이 선출되면 그들은 다음과 같은 문제에 관심을 두고 정기적으로 목회자를 만나야 한다.

## 첫번째 단계 : 참으로 회개했는지 확인하라

죄에 대한 슬픔은 참된 회개와는 다른 것이다. 숨겨진 죄가 표면화될 때마다 죄인의 슬픔은 필연적으로 따르게 마련이다. 공적으로 표면화될 때 숨겨진 죄란 죄를 범한 당사자에게도 다소 다르게 보인다. 게다가 그가 사랑하는 사람들에게 은밀히 범죄했다는 충격으로 인하여, 발각이 되었을 때 그는 슬퍼한다.

그렇지만 폭로되었을 때 범죄한 목회자들이 나타내는 슬픔, 좌절 그리고 눈물이라는 것이 참으로 회개한 모습을 보여 주는 것이 안 될 수도 있다. 고든 맥도널드(Gordon MacDonald) 목사가 자신의 저서 ≪당신의 부서진 세계를 재건하며≫ (*Rebuilding Your Broken World*)에서 참된 회개의 모습을 잘 묘사하고 있다.

회개(repentance)라는 말은 중동 지역에서 사용하던 단어이다. 이 단어는 사람들이 잘못된 방향으로 가는 것을 깨닫고 돌이키는 행위를 묘사한 것이다. 어느 여행자가 시골길을 가다 사람에게 길을 물었을 때 자신이 길을 잘못 들어 목적지가 아닌 방향으로 멀리 왔다는 사실을 알 경우에 쓰였던 단어이지, 종교적 배경을 가지고 사용된 단어는 아니었다.

실제 대화 속에서도 다른 사람에게 길을 일러 주었을 때 이렇게 이야기한다.

"방향을 바꾸어(repent) 저 길로 가야 합니다."

그리고 실용어로서 "repent"라는 단어는 도덕적 행위와 영적인 행위를 나타내는 데 적절한 말이었다. 구약성경의 예언자들이 사용하였고, 세례 요한, 예수님, 그리고 마지막으로 사도들이 사용한 단어였는데, 이 말의 의미는 심령이 기우는 쪽으로 방향을 바꾸는 것을 말한다.

세례요한의 대화의 주제는 회개였다. 그는 먼저 심령의 회개와 개인 생활 속의 도덕적 행위에 대한 회개를 말하였다. 후자의 경우를 회개의 열매라고 말했다.

회개한 남녀가 세례 요한에게 물었다. "어떠한 회개의 열매를 말하고 있습니까?"

그는 가난한 자를 사랑하는 것, 폭력을 중지하는 것, 정의롭게 사는 것이라고 그들에게 말했다. 이런 일을 통하여 죄로부터 자유함을 얻은 심령은 무언가 다르다는 사실을 알게 된다고 그는 말하고 있다.[1)]

회개란 아주 간단한 것으로, 참된 회개는 마음과 의지의 변화에 달려 있다. 인생의 활동 무대 속으로 우리는 우리의 의지와 욕망을 하나님의 뜻으로 바꾸어야 한다. 결혼 생활을 포함해서 모든 도덕적인 생활에 있어서 하나님의 도덕적 기준의 삶을 위하여 난잡한 육적인 욕망을 끊어 버려야 한다. 이 기준에 부족한 삶은 참된 회개의 삶이 아니다.

근래에 타락한 목사들이 나를 몹시 침울하게 만들고 있는데, 나는 그들에게, 여러 달 또는 몇 년 동안 부지런히 은폐하게 되면 간교한 거짓말쟁이가 되고 사기꾼이 되어 나중에는 아무리 진리의 말씀을 해도 믿을 수 없게 된다는 사실을 경고하고 싶다.

타락한 목회자들 거의 모두가 지도자의 위치로 돌아갈 수 있는 첫 번째 단계가 회개라는 사실을 알고 있다. 범한 죄가 폭로되었을 때의 수치심과, 목회자 자신과 자신의 가족에게 미치는 고통, 목회 사역으로 돌아가고픈 욕망이 함께 뒤섞여서 슬픈 감정이 다른 사람에게 납득이 갈 정도로 나타났을 때, 회복위원회를 비롯한 모든 사람에게 자신이 진실로 회개했다는 사실을 만족시킬 수 있을 것이다. 회복위원회는 이 회개가 진실된 회개인지 아니면 단순히 폭로된 사실을 슬퍼하는 것인지 세심히 판단해야 한다. 다음과 같은 모습이 진정한 회개의 모습을 나타내 주는 표시이다.

### 억제하지 못하는 고백

범죄한 목회자가 자신이 범한 죄를 시인할 때 나는 그가 숨겨놓은 죄가 있는가를 의심한다. 역으로, 참되게 자신이 범한 죄를 대할 때 그의 고백은 폭발물이 폭발하는 것과 같이 나타날 것이다. 그들이 너무 오랫동안 이 죄에 젖어 있어 양심에 화인 맞지 않는 한 성범죄는 대단히 비도덕적인 것이기에 엄청난 죄의식을 갖게 되며, 고백을 하는 것은 그 압박감을 풀어놓는 자연적인 배출구가 될 것이다. 진실로 회개한 목회자와 대면하는 것은 바늘을 가지고 풍선을 찌르는 것과 같다. 그런 목회자에게서는 사람들에게 알려지지 않은 다른 죄들까지도 인정하며 고백하는 것이 봇물 터지듯 터져 나오게 된다.

하나님의 도덕법과 자신의 양심, 그리고 결혼 서약 등 그가 알고 있는 모든 것을 그의 죄로 인하여 범하였다고 하는 회개한 목사의 경우가 그런 경우이다. 대개 자신이 범한 죄가 은밀히 폭로되기를 바라는 것이 일반적이다. 왜냐 하면 그 죄가 말할 수 없이 무겁기 때문이다.

그러나 진정으로 회개한 자라면, 자신의 부도덕적인 면과 간음한 상대방과 자신만이 알고 있는 모든 행위를 다 털어놓게 된다. 비록 타락한 목회자가 모든 사람에게 모든 범죄 사실을 고백하지는 못하겠지만, 진실된 회개에는 누군가에게(물론 절대 비밀이 보장되어야 함) 모든 것을 다 털어놓는 행위가 포함되어야 한다. 그 고백이 진실한 고백이라면 이미 고백한 상세한 모든 내용을 다른 사람들에게 반복할 필요는 없다. 위원회 사이에 나누었던 절대 비밀 사항이 다른 사람에게 누설이 되면, 그는 그 위원회에게 엄청난 불신과 배신감을 갖게 될 것이다.

몇 년 전 나는 성적으로 타락했다가 회개한 한 목회자와 만나게 되었다. 나는 그가 회복 과정을 밟고 있는 동안 그가 할 수 있는 비공식적인 사역을 찾을 수 있도록 도와주었다. 첫 번째 그와의 만남에서 그는 모든 것은 숨기지 않고 다 털어 놓았다. 심지어는 내가 알 필요도 없는 그런 것까지도 모두 인정하였고, 내가 생각하고 있던 부분도 모두 인정했다. 그런데 이 모든 것이 하나님의 뜻인 것을 후에 알게 되었다. 그가 시무했던 교회에서 그에 대한 적대 감정이 고조된 분노에 찬 교인 몇 명으로부터 간음한 목회자에 대해 모든 것을 더 밝혀 달라고 추궁하는 전화를 받았다. 모든 사실이 밝혀지자 어느 누구도 새로운 사실을 말하는 사람이 없었다. 그는 모든 자신의 죄를 고백했다. 이것이 참된 회개의 표시이다. 현재 그는 공적 사역으로 되돌아가 사역을 잘 수행하고 있다.

## 모든 비난의 수용

사역에 회복한 유명한 목회자의 회개는 불리한 상황을 어떻게 바로잡을 수 있는가 하면 좋은 예가 된다. 그의 죄가 마침내 폭로되자 그는 자발적으로 믿을 만한 3명의 장로와 그의 아내에게 모든 것을 고백했다.

그는 자신이 범한 죄에 대한 모든 비난을 감수했다. 그 목회자와 만났을 때 그는 같이 간음죄를 범한 상대방에 대해 거의 언급을 하지 않았다. 회개하는 탕자처럼 이 목회자는 기꺼이 자신의 죄를 회개했다. "나는 하나님과 여러분 앞에 죄를 범했습니다."

그의 회개와 그의 회복을 기꺼이 기독교 사회에서 받아들였다는 것은 조금도 놀라운 일이 아니다.

"그 여자가 나를 유혹했습니다." 또는 "나는 그 당시 엄청난 업무에 시달리고 있었어요.", "하나님의 은혜가 충만하지 못했어요." 이런 식으로 저항하는 목회자의 회개하는 자세는 그 깊이를 의심하게 된다. 어떤 타락한 목회자도, 비난할 것은 남이 아니라 자신이다. 자신의 잘못이라는 사실을 인정하기 전까지는 어떤 사역에도 회복할 준비가 되어 있지 않은 것이다.

회개하는 태도로 인하여 나의 마음을 뿌듯하게 한 어느 타락한 목회자의 태도를 비교해 보자. 회복위원회가 그들의 위치를 이용하여 그 목회자를 모욕적으로 대할 때, 그들의 냉정한 공격적인 자세로 그의 아내는 몹시 화가 나 있었다. 그런 그녀의 손을 부드럽게 붙잡고 그는 이렇게 달랬다.

"여보, 내가 죄를 짓지 않았더라면 이와 같이 취급당할 일이 없었을 것 아니오? 이 모든 것이 다 내 잘못이요."

참된 회개는 사역으로 회복될 수 있는 길이다.

## 스스로 낮아짐

목회자의 부도덕한 행위가 공적으로 폭로되면 그는 깨어지고 낮아지게 된다. 이러한 현상을 성경은 "깨어지고 통회하는 심령"이라고 표현하고 있다. 그런 낮아지는 마음이 얼마나 지속되느냐가 회개의 깊이를 나타낸다.

어떤 목회자는 몇 달 동안 겸손한 마음을 유지했다. 그리고 그 기간 동안 교회가 최대의 관심을 갖도록 행동했다 — 사임, 자신의 죄에 대한 인정, 수주 동안 그 도시를 떠나는 일 등. 그러나 사역으로 다시 돌아가기 위해 자신의 의로움이 명백하게 설명될 수 있기까지, 그 목회자는 전에 누렸던 목회자가 누리는 특권으로부터 멀어져 가고 사람들의 관심 밖에 있게 되므로 계속 이 고통을 겪어야 했다. 그의 동료로 구성된 회복위원회가 추진하고 있는 회복에 더 이상 관심을 갖지 않았다. 그는 동료 목회자들의 충고를 거절했다. 왜냐 하면 자신의 성급한 목회로의 복귀를 동료 목회자들이 경고하였기 때문이었다. 겸손한 마음의 부족은 가장 친하다고 생각되는 동료 목회자들에게까지 그의 회개의 진실성을 의심받게 된다.

그러나 인근 도시로 이주하고, 하나님과 자신의 관계, 자신의 결혼 생활을 회복하려고 노력하면서 겸허히 지내고 있는 목회자의 경우는, 동료들이 그의 회개하는 모습의 진실성에 감명을 받아 그들 중한 사람이 자원하여 그 목회자를 사역에 복귀시키자는 운동을 벌였다. 그의 회복을 위해, 동참했던 모든 목회자들이 이를 받아들였다. 겸허한 심령을 이룰 때, 성령께서 그 목회자가 진실로 회개했다는 것을 그들의 심령에 증거하셨던 것이다.

### 그리스도께 대한 전적인 재순종

타락한 목회자들도 순종에 대해 알고 있다. 이 책에 나오는 타락한 목사의 대부분이 그들의 목회 초창기에는 하나님께 전적으로 순종한 목회자들이었다. 그들은 산 제물로서 자신을 드리라고 설교해왔고, 많은 사람들이 하나님의 뜻에 순종하는 것을 보아 왔다. 그러나 성적으로 범죄한 목회자에게는 새롭게 순종하는 경험이 절대적으로 필요하다.

타락하기 전 성장하던 큰 목회지에서 일을 했던 목회자는 전에 시무했던 교회에 버금가는 교회에서 청빙해 줄 것을 생각하며 회복하려는 꿈을 갖고 있다. 이러한 목회자는 그의 꿈을 포기할 준비가 되어 있지 않고 그의 삶 속에 하나님께서 준비하신 다른 계획에 순종할 준비가 되어 있지 않은 사람이다. 이들은 다음의 두 가지 문제를 깨닫지 못하고 있는 것이다.

첫째, 자신과 자신의 가족이 그러한 사역에 임할 준비가 되어 있지 않을 수 있다.

둘째, 교회들은 성범죄를 행한 목회자를 청빙하려고 하지 않을 수 있다.

종종 나는 자신이 섬기는 교회에 목회자를 추천해 달라는 편지를 청빙 위원장들로부터 받는다. 그때마다 여러 번 강단 사역을 회복하기 위해 영적으로 치리받고 준비해 온 타락했던 목사를 추천해 보았지만, 지금까지 단 한 번도 회답을 받은 적이 없다. 실제로 그들이 떠났던 교회보다 몇 배나 작은 교회들로부터도 청빙을 거절당한다.

타락한 목회자는 하나님께서 요구하시는 어떠한 사역도 기꺼이 하려는 자원하는 종으로 하나님께 전생을 드릴 수 있도록 순종하는 새로운 목표를 세워야 한다. 설교 사역이냐, 아니면 지도자의 위치냐 하는 식의 하나님께 대한 순종은 절대적 순종이 아니라 하나님과의 흥정이다. 본질적으로 이는 다음과 같은 이야기가 되는 것이다.

"하나님께서 나의 위치를 환원시켜 주거나 이와 비슷한 직위를 주신다면 나는 당신을 섬기겠습니다."

참된 종은 주인의 뜻에 순종하려는 데 예민하다. 베드로는 자신을 믿을 수 없었기 때문에 내 양을 먹이라는 주님의 도전을 받기를 주저했다. 자신의 행위로 주님을 배반했던 타락한 지도자는 주님의 나라를 건설하는 데 조금이라도 누를 끼칠까 하는 겸손하고 두려운 마음을 가져야 한다. 그리고 회복이 다가옴에 따라 순종과 겸손에 더욱더 박차를 가해야 한다.

## 무슨 일이든 하려는 자세

자신에게 계속해서 모든 면에 협조해 주고 관심을 가져 줄 것을 무리하게 요구하는 타락한 목회자는 모든 사람들로부터 멀어져 간다. 참으로 회개한 종은 단순히 하나님만을 섬기기를 원한다. 그런 목회자는 주일학교 버스도 운전하고, 마루도 쓸고, 주님의 일꾼으로 돌아가기 위해 무슨 일이든 하려 한다.

큰 교회를 이끄는 데 대단히 뛰어난 행정력을 가지고 있는 어느 타락했던 목회자가 있었다. 그런데 그는 3년 동안만 일할 수 있다면 연봉 80,000불을 지급하겠다는 한 전기회사의 일자리를 거절했다. 그렇게 되면 그 3년 동안 주님을 섬기지 못한다는 생각으로 인하여 높은 연봉의 직장이 매력이 없어졌다. 후에 그는 그 연봉의 절반밖에 안 되는 교회의 행정을 맡는 일을 감당하였다. 그는 이렇게 설명했다.

"적어도 이 행정 일은 주님의 사역으로 돌아가는 첫 번째 단계입니다."

크리스천 사회와 하나님께 무엇을 요구하는 대신, 회개한 목회자는 자신이 남에게 그렇게 많이 설교해 온 것을 실행하려 할 것이다. 헌신의 기회가 어떠한 것이든지 오늘 하나님을 섬기는 데 성실하라. 그리고 내일 주님께서 헌신의 또 다른 문을 허락하실 것을 믿으라. 이러한 순종의 생활을 계속할 때, 사역의 회복은 하나님의 일이요 자신의 의지의 결단이 아니라는 사실을 분명히 알게 될 것이다.

### 두 번째 단계 : 목회자의 영적 생활의 갱신을 도우라

하나님과 가까울 때나 성령 충만한 관계가 유지될 때에는 간음죄를 범하는 사람이 없다. 결과적으로, 다른 죄를 범하는 사람과 마찬가지로, 타락한 목회자는 주님의 은혜와 말씀에 대한 지식이 성장하도록, 또는 육신이 아닌 영으로 살아가는 것을 다시 배우는 데 많은 노력과 시간을 들여야 할 것이다.

이상적으로 회복위원회에 선발된 위원은 그 목회자의 영적 생활을 강화하기 위하여 과제를 주는 동시에 기도와 성경공부를 위해 매주 그 목회자를 만나야 할 것이다. 영적 생활에는 매일 개인적으로 성경을 읽는 것과 일주일에 성경 한 구절 암송하는 것, 성경공부, 일정한 양의 독서 등이 포함될 수 있을 것이다.

만일 회복위원이 아닌 일반 교인이 그 목회자와 이러한 관계를 잘 유지할 수 있는 자질이 있는 사람이면 위원회는 이 사람을 함께 일할 수 있도록 한다. 이렇게 지명 받은 사람은 목회자의 영적 발전과 회복을 위한 권고 사항에 대해 정기적으로 그 위원회에 보고해야 한다.

### 세 번째 단계 : 목회자의 결혼 생활의 갱신을 도우라

많은 교회에서 범죄한 목회자와 그의 아내가 크리스천 정신과 의사나 노련한 결혼 상담원과 성경적으로 상담에 응할 수 있도록 경비를 지급하고 있다. 타락한 목회자 부부에게 타락의 요인이 되었던 문제를 진단할 수 있고, 이러한 상처를 통해서도 그들과 함께 이 일을 해나갈 수 있도록 도와줄 수 있는 편견을 갖지 않는 사람이 필요하다.

상담 내용은 성 생활, 영적인 관계, 재정적인 문제, 자녀를 양육하는 문제, 갈등 해소 같은 그들의 결혼 생활의 여러 분야에 있어 재치 있게 다루는 것이 포함되어 있다. 그때 상담원은 상담 진행 과정을 정리하여 위원회에 정기적으로 제출한다.

다시 한 번 상담원은 반드시 엄선해야 한다고 말하고 싶다. 상담원은 그 치료하는 과정이 성경적인 바탕에서 진행할 수 있는 노련한 결혼 상담원이어야 한다.

가능하다면 회복위원회는 어떤 일정한 시기에 2주일 내지 3주일 동안 집약적으로 피정(避靜, Metreat-종교적 수련이나 묵상을 위한 칩거)기관에서 상담할 수 있도록 주선해야 한다. 이와 같은 오랜 시간 동안의 영적이며 노련한 상담원의 지속적인 도움으로 부부간의 관계는 원만해지게 된다. 만일 부부 사이에 성적으로 부적합한 문제가 생겼다면 해결될 수 있다. 그 부부 사이에 친숙한 성적 관계가 시급하게 확립되어야 한다.

특별히 주의할 점은 그 목회자의 아내가 참으로 남편을 용서할 수 있도록 도와주는 것이다. 그 때 목회자의 아내는 남편과의 관계가 회복될 수 있도록 하나님의 은혜를 구해야 한다. 그렇지 않으면 그 둘의 결혼생활은 위험해질 것이다. 시간이 걸리겠지만, 남편은 아내에게 다양한 사랑의 표현을 함으로써 아내가 다시 자신을 신뢰하도록 이해하며 도와줄 필요가 있다.

회복 과정이 진행되는 동안, 특별히 갑작스러운 계획의 변경이 있을 때 남편은 자신이 있는 곳에서 자주 전화를 하여 아내에게 알리는 습관을 갖도록 한다. 타락한 목회자의 아내들은 다시 남편을 믿기를 원한다. 아내들에게 남편이 자주 연락을 하면 할수록 신뢰감을 주는데 용이하기 때문이다. 전화는 친밀한 관계로 결속시켜 주는 간편한 기구이다. 현명한 남편은 자원해서 아내에게 그러한 감시에 기꺼이 응하려 할 것이다.

남편이 성실히 행하고 있는지 아니면 다른 여성의 유혹에 빠져있는지는 눈을 보고 물어 보면 여성들은 알 수 있다. 어떤 저돌적인 여성의 태도에 대해 아내 자신이 불편함을 느꼈다는 것을 인정하는데 조금도 구애받지 말고 말해야 한다. 부부 사이의 자유로운 의사소통을 원만하게 이루기 위해 부부가 할 수 있는 모든 것이 도움이 될 것이다.

몇 개월간의 상담을 가진 후에는 회복위원회 위원 중 한 사람이 그 목회자 부부의 결혼생활이 어떻게 원만하게 회복되고 있는지를 알아보기 위하여 그 목회자의 아내와 면담을 해야 한다. 아내는 어느 누구보다도 자신의 남편을 잘 알기 때문에, 그 목회자가 사역에 임할 수 있도록 준비가 되어가고 있는지 없는지를 가장 솔직하게 잘 말해 줄 수 있는 유일한 입장에 있는 것이다.

### 네 번째 단계 : 목회자가 일자리를 찾도록 도우라

조만간 타락한 목회자는 수입원이 있어야 하고 가정을 책임져야 할 것이다. 목회 기간에 비례하여 퇴직금을 지급하도록 말한 바 있지만 그 퇴직금도 언젠가는 바닥이 날 것이다. 이런 이유로 타락한 목회자는 생계의 수단을 찾아야 한다. 그리고 그에게 있어 세상의 일이란 그 어떤 것도 목회만큼 만족을 주지 못할 것이다.

그러나 이렇게 일함으로써, 주님께서 다시 주의 일을 할 수 있도록 기회를 주시기 전까지 시간을 무료하게 보내지 않을 뿐 아니라 생산적인 감각을 가질 수 있게 된다.

### 다섯 번째 단계 : 유예 기간을 확실히 정하라

타락한 목회자가 공직을 떠나 있는 기간은 교회에서 별도 지시 사항이 없는 한 회복위원회에서 정해야 한다. 책임 의식이 있는 교인들은, 공적인 사역에 목회자 자신이 회복할 것을 생각하기에 앞서, 먼저 개인의 생활과 가족에게 관심을 두면서 목회자가 대중의 눈을 떠나 어느 정도 유예 기간을 가질 것을 기대해야 할 것이다.

간음에 대한 유예 기간은 최소한 2년 이상을 되어야 하며, 앞에서도 언급했지만 경우에 따라서는 5년까지도 갈 수 있을 것이다. 유예 기간은 근본적으로 분별하는 기간이다. 목회자가 하나님의 말씀을 가르치는 교사로서, 영적 지도자로서의 위치를 받아들이기에 앞서

도덕적으로, 영적으로 회복하고 있다는 사실을 확신시키는 데에는 많은 시간이 필요하며, 이 기간이 바로 그러한 기간이다.

그리고 두 가지 명심해야 할 사항이 있다.

첫째, 목회자가 자신의 재능, 경험, 그리고 목회에서 얻은 많은 훈련을 기꺼이 사용하려는 마음.

둘째, 범죄한 목회자가 앞으로 더 이상 성범죄에 빠지지 않을 것이라는, 교회와 지역 사회에 주는 신뢰감.

회복 절차를 밟는 과정에서 잘못되어 1년 후에 폭로되는 바람에 전국적으로 사역을 하던 유명한 목회자가 사임하지 않을 수 없었던 실례가 있다. 교회 자체 내에서 공식적으로 그 해 말경에 그를 회복시켰다. 그는 이내 자신의 죄를 회개했고, 자기 아내에게 이 사실을 고백했으며, 노련한 크리스천 지도자인 3명의 친구들에게 자신의 회개한 모습과 모든 행위를 감독하도록 했다. 이때가 그의 타락 소식이 폭로되기 1년 전이었다. 결과적으로 회복 과정에 소요된 실제적인 시간은 대략 2년이 되었다.

### 여섯 번째 단계 : 회복 예배를 가지라

위원회가 타락한 목회자의 복귀를 결정하면 교회에서는 공적인 사역 회복과 재임 예배를 드리도록 하라. 이런 공적인 예배를 드릴 수 있는 가장 적합한 교회는 그 목회자의 전임 교회일 것이다. 그것이

가능하지 못하면 현재 몸담고 있는 교회에서 적극적으로 활용성 있는 교인이 이 예배를 추진하거나 이웃 교회 목회자가 이런 기회를 주선할 수 있다.

회복 예배는 목회자의 죄에 역점을 두는 것이 아니라 회복 과정에 역점을 두어야 한다. 회복위원회 위원들은 이 타락한 목회자의 회개와 영적 생활, 그리고 결혼 생활의 회복에 대해 교인들이 확신을 가질 수 있도록 설명한다. 공적인 사역을 거룩하게 행하기를 부탁하며, 새롭게 그 목회자가 직무를 맡도록 한다.

책임감 있는 성도들에 의한 공적인 사역으로의 재임에 힘을 입어 이제 타락했던 목회자는 사역을 할 수 있도록 회복이 된다. 이런 예배를 통하여 몇몇 교회는 타락했던 그 목사를 자기네 교회의 목사로 생각하기가 더욱 쉬워졌고 또한 교회에 큰 축복이 된 경우도 있다.

### 일곱 번째 단계 : 기회를 생각하라

회복 예배를 마치고, 이제 타락했던 목회자는 전적으로 주님을 섬길 준비가 되었다. 지금까지 그 목회자는 회복위원회 감독 하에 비공식적인 사역을 감당해 왔다. 예를 들면 심방 전도, 교통 지도 행정, 그리고 그 밖의 여러 사역을 보조하는 것들이 있을 것이다.

이제 그 목회자는 주일학교, 성경을 가르치는 일, 기도 모임을 인도하는 것, 결혼식과 장례식 예배를 인도할 수 있게 되었다. 담임 목회자가 허락할 경우 설교도 할 수 있다. 나의 개인적인 생각인데, 담임 목회자를 청빙할 수 없을 정도의 작은 교회가 아니라면 적어도 1년 이상은 담임 목회자로서 일하기를 원치 않아야 할 것이다. 하나님께서 회복의 깊이를 아시고 그에 따라 알맞게 인도하실 것이다. 주님께서는 열린 문이 되시는 하나님이시다(계 3 : 8). 타락하기 전에 붙드셨고 인도하신 주님께서 지금도 인도하시며 그를 사용하신다.

회복된 목회자가 그의 위치로 돌아갈 수 있도록 하나님께서 사용하신 경우는 다음과 같다.

### 부교역자 직분

타락했던 목회자를 여전히 믿어주고 주님을 향한 사역으로 헌신할 수 있는 능력이 있다고 믿는 동료 목회자들이 있다. 만일 이들이 같이 일할 교역자가 필요하게 될 때, 목회하는 데 있어 다른 여러 가지 일을 나누어 할 수 있도록 그를 청빙할 것이다. 그리고 이렇게 할 때 한 교회에 담임 목회자로 부름을 받아 일하기 전까지 몇 년, 아니면 적어도 1년간을 일할 수 있을 것이다.

### 교회 개척

선교 지향적인 회복된 목회자는 새 교회를 개척할 수 있을 것이다. 교회를 개척한다는 것은 쉬운 일이 아니다. 수많은 교회가 성경 공부에서부터 출발했고, 많은 교회들이 호별 방문 전도로 시작하였다. 그러나 만일 그 범죄했던 교회에서 그 목회자를 재임용하지 않거나 협조해 주지 않으면, 문제가 발생했던 그 도시에서는 새롭게 교회를 시작하기가 어려울 것이다.

### 어려운 지역 목회

보수 공사와 주변 환경의 변화로 어려움을 겪고 있는 교회를 생각해 보자. 나로서는 교회에 "어려운 교회"라는 이름을 붙이기를 싫어하지만, 그러나 실제로 목회자를 청빙하기 어려운 지역을 나는 알고 있다. 그런 곳에 회복된 목회자를 청빙하여 예전에 하던 목회를 다시 할 수 있는 기회를 주면 될 것이다. 물론 그 목회자가 진실로 회개했다고는 하지만, 이전에 하던 목회 사역에 비하면 이 일이 다소 힘든 일이 될 것이다. 그러나 어려움을 겪고 있는 교회로서는 저명한 설교자나 노련한 목회자를 강단에 청빙할 수 있는 한 가지 좋은 방법이다.

### 파라처치(준교회) 사역

어떤 조직을 성숙한 단계로 이끌 수 있는 능력 있고 원숙한 행정가는 항상 필요하다. 회복한 목회자는 그런 사역에서 일할 자리를 찾을 수 있을 것이다.

### 목회

나의 조사에 따르면 경건한 여자 성도의 90퍼센트가 타락했던 목회자가 목회하는 교회에 출석하지 않겠다고 했다. 그렇지만 추천한 목회자 때문에, 아니면 그 목회자의 목회 능력으로 인하여, 또는 특별히 그가 교회 직원으로 성공적으로 열심히 섬겼을 때 어떤 교회에서든 청빙을 할 것이다.

### 여덟 번째 단계 : 계속적으로 자신의 행위에 대해 감독해 줄 것을 자청하라

타락한 목회자라면 자신을 감독하도록 하는 것이 현명하다. 목회자 자신의 개인적인 생활을 언제든 알아볼 수 있도록 믿을만한 친구들에게 감독하도록 하면 좋다.

그리하여 그 목회자가 의심을 살 만한 행동을 하거나 또는 했다는 이야기를 들었을 때 그 친구들은 그 사실을 규명하기 위하여 그 목회자와 만날 수 있을 것이다. 이 때 목회자는 그 친구들이 흥분하지 않고 정면으로 자신을 마주 대하며 이렇게 질문할 수 있도록 허락해야 한다.

"우리가 지난 번 만난 이후로 도덕적으로 순결하게 살아 오셨습니까?"

그에게서 긍정적인 대답을 들었을 때 그들은 또 이렇게 덧붙여 물을 수 있다.

"늦은 시간에 은밀한 전화는 받지 않았습니까?"

타락했던 6명의 친구들을 알고 있는데, 그들이 나를 공항에서 전송해 주거나 만날 때마다 나는 그러한 질문을 하곤 한다.

그들 중 2명은 전에 동성연애를 한 자들이었고 4명은 간음한 자들이었다. 이렇게 질문하는 것은 그들의 의지를 강하게 하기 위해서였다.

그들은 유혹받을 때면 다음과 같은 생각을 할 것이다. 아니, 적어도 다음과 같은 생각을 하기를 바란다.

"내가 팀 목사를 만나게 되면 그는 나에게 아직도 성결하게 살고 있는지를 물을 것이다."

이런 예상된 질문으로 인하여 유혹의 크기도 줄어들 것이다.

적어도 3명 정도에게는 자발적으로 타락한 목사를 감독할 수 있는 권한이 있어야 한다. 목회자의 아내, 회복위원회에서 엄선된 영적 지도자, 그리고 동료 목회자.


## 정리

인간의 연약한 본성으로 인하여 그런 과정 속에도 실패할 수가 있을 것이다. 그럴지라도 적절하게 감독하는 것이 다시 범죄에 빠질 수 있는 가능성을 최소한으로 줄여주리라고 나는 믿는다.

내가 알고 있는 대부분의 목회자들이 그들의 비극적인 행위로부터 중대한 교훈을 얻었다. 그들은 자신의 육신을 믿지 않게 되었다. 그들은 그러한 유혹에 다시 접하면 또 다시 성범죄를 저지르게 된다는 확신을 가지고 있기 때문이다. 그래서 그들은 늘 주의한다.

앞에서 제시한 여러 가지 사항과 감독에 순응할 때에, 넘어지기 쉬운 형제들도 "주님의 능력 안에서 강하게" 될 수 있다. 그리고 그렇게 될 때 그는 그의 오랜 목회 경험과 재능을 앞으로 하늘나라 확장을 위해 잘 사용할 수 있을 것이다.

# 제 12 장

## 목회자를 회복시킨
## 어느 교회

　지금부터 이야기하려는 내용은 실제 있었던 일이다. 그 타락했던 목회자는 지금은 회복되었고, 그를 보호하기 위하여 이름은 밝히지 않겠다. 책이란 수십 년간 책장에 꽂혀 있기 마련이며, 따라서 적절한 징계와 회복 기간을 갖고 공식적으로 목회 사역에 회복한 그 저명한 목회자의 이름이 몇 년, 또는 몇십 년 후에라도 다시 입에 오르내리게 되고 누가 될까 하여 이름을 밝히지 않는 것이다. 현재 그는 도심지에서 역사적으로도 유명한 교회에서 목사로서 일하고 있다.

　25년 동안 목회를 하다 성범죄에 빠지게 되었을 때 많은 사람들이 놀랐다. 그는 타락이 기대되는 사교의 교주처럼 문제성이 있는 그런 지도자가 결코 아니었다. 그랬기 때문에 그의 경우 전체 교계에서 대단히 슬퍼했다.

우리는 지금 준비가 꽤 되어있고, 행복한 결혼 생활을 하고, 매우 성공적인 모델 케이스의 크리스천 지도자에 대해 말하고 있는 것이다. 그러나 영적, 감정적 생활이 쇠약해졌을 때 그는 꿈에도 생각지 못한 불륜의 관계를 갖고 말았다.

기독교 방송을 통하여 그는 자신의 죄를 말하면서 우리 모두에게 유익되는 면을 지적했다. 어떤 사람의 말을 인용하면서 그는 이렇게 경고했다.

"보호받지 못한 힘은 갑절의 약점을 갖게 된다."

우리 모두에게와 마찬가지로 그 목회자 자신도 주님의 사랑과 아내의 사랑이 도덕적 유혹으로부터 면역성을 키워준다고 생각했다.

그러나 그렇지 못하지 않았던가! 살아 있는 동안 그는 짧은 기간 동안 일어났던 실패의 사실을 깊이 기억하게 될 것이다.

그러나 우리는 여기에서 또 다른 교훈을 얻을 수 있을 것이다. 폭로되었을 때의 아픔과 엄청난 죄의식을 겪고 난 후에(이 목회자는 그의 일생에 겪었던 일 중 가장 힘들었고 아팠던 고통이라고 표현하고 있다) 진실로 그 목회자가 회개하고 또 책임감 있는 그리스도인이 은혜로 그를 감싸면 회복될 수 있다는 것이다. 그러한 상황에서 타락한 크리스천 지도자들이 공적인 사역에 회복될 수 있다.

이 경우는 내가 설명한 목회자의 경우이다. 주님께서 허락하시는 때에, 그는 다시금 생산적으로 하나님의 말씀을 전하라고 부름받은 주의 일꾼으로 주님을 섬길 수 있을 것이다.

하늘나라의 확장을 위하여 그는 앞으로도 수십 년간 헌신적으로 일해야 한다. 그러므로 그의 이름이 많은 사람들에게 타락한 목회자였다는 기억으로 남아 있어서는 안 되겠고, 그렇기 때문에 나는 여기서 그의 이름을 밝히지 않는 것이다. 이 사건은 4년 전에 있었던 일이다. 하나님께서 회개한 죄에 대해 더 이상 기억하지 않으신다면, 그가 다시 타락을 반복하지 않겠다고 하는 충분한 이유를 알고 있는 이상 더 이상 그의 범죄 사실을 기억하지 말아야 할 것이다.


## 회복에 꼭 필요했던 세 가지 중요한 요소

목회자의 타락이 특별한 것처럼, 회복도 마찬가지이다. 그의 회복에는 세 가지 중요한 요소가 합하여 특별하게 모델 케이스로 나타났다. 이 모두는 적절하게 재임 예배를 드리기 전에 있어야 할 것이었다.

### 교회

이 목회자가 섬기던 교회는 하나님의 말씀을 근거로 하여 사랑하며 용서하는 교인이 많은 교회였다. 비록 지도자를 위하여 높은 수준의 도덕적 기준을 자신들이 유지해 나갔지만, 그들은 또한 그리스도인의 용서도 실천하였다. 더 나아가 그들은 전임 목회자가 그들을 위해 헌신적으로 12년간 충성스럽게 사역한 것에 대해 감사하고 있다.

### 새로 부임하는 목회자

새로 부임한 목사는 비록 만나보지는 못했지만 영적으로나 정신적으로 성숙한 사람임에 틀림없었다. 전임 목사가 영적으로 생산력을 갖추고 회복할 수 있도록 제직들이 노력할 때, 그는 전임 목회자와 그의 가족을 우선 염두에 두고 전임 목회자와 함께 일했던 교회 지도자들과 장로들을 이끌어 갔다. 나는 그 새로 부임해 온 목회자가 전임 목회자와 친구 관계였는지 어떤 관계였는지는 모른다. 그러나 친구였다 해도 그 이상의 애정을 가지고 도와줄 수는 없었을 것이다.

나는 새로 부임한 목회자가 헌신적이고 열정적으로 도와주지 않았다면 그 타락한 목회자를 교회에서 회복시키는 것이 불가능 했을 것이라고 생각한다. 만일 성령의 인도하심과 교인들의 협조가 없다면 그 자신이 목회에 불화를 일으킬 수 있는 행동을 취하게 될 수도 있다. 이러한 노력이 얼마나 위험이 따르는 것인지! 만일 적절한 준비과정 없이 빠르게만 진행하려 한다면 그러한 일이 발생할 수 있을 것이다.

반면에 새로 부임한 목회자가 성령의 인도하심에 따르면 타락한 목회자의 회복은 가능하며, 이 일은 오히려 연합할 수 있고 기쁨을 줄 수 있는 경험이 될 수 있다.

## 타락한 목회자

이 이야기에 등장하는 목회자는 진실한 회개의 여러 면을 보여주었다. 그는 자신의 죄가 폭로되었을 때 진실로 회개했다. 그는 자기 아내에게 진실로 모든 사실을 고백하였다. 그는 자원해서 3명의 장로와 존경받는 크리스천 지도자에게 자신을 감독하게 하며 모든 사실을 다 밝혔다. 그의 죄가 공적으로 발표되자, 그는 목회에서 물러나 영적인 생활과 자신의 결혼 생활의 회복을 위하여 전심으로 노력하였다.

그 목회자는 자신이 범죄한 사실에 대해 변명하지 않았으며, 간음죄에 동참한 상대방을 원망하지도 않았다. 그는 자신의 행동에 자신이 책임을 졌다. 크리스천 사회에 자신의 타락 이전 위치로의 회복을 요구하지도 않았을 뿐만 아니라, 그의 사정과 모든 것을 다 아는 친구들이 그를 회복시키려고 계속 접촉을 시도했으나 이것도 사양하였다. 이런 모든 사실을 통하여 볼 때 그는 진실되게 겸손한 마음을 보여주었고, 이 자세가 주님이 축복하는 자세이다.

이러한 상황에서 취한 그의 응급 조치는 너무나 모범적인 것이었다. 그러한 어려운 상황 속에서 그가 취한 행동은 그리스도의 교회에 가져오는 불명예를 최소한으로 줄여 주었다.

## 어떻게 회복 예배를 진행하였는가?

이제부터 진행되는 내용은 교회에서 논의가 된 후 나에게 보내준 은혜스럽게 녹음된 테이프에서 발췌한 이야기이다. 이 테이프를 통하여 120여 명의 교인들 앞에서 드린 재임 예배에 참석할 수 있었다.

장로가 처음 목회자의 타락 소식을 들었을 때 그들은 이틀 동안 모임을 가졌다. 장로 중 수석 장로가 이 소문을 확인하기 위하여 목회자에게 전화를 했다. 전화를 통하여 목회자는 눈물을 흘리며 그 장로에게 자신의 죄를 인정하고 나중에 모두에게 자신의 죄를 고백했다. 이 장로는 애통해하며 기도를 하였다. 장로는 이렇게 물었다.

"어떻게 도와드릴까요?"

그 다음 장로들의 모임에서 새로이 부임해 온 목회자는 갈라디아서 6장을 본문으로 하여 '회복'이라는 주제로 성경 공부를 인도했다. 전임 목회자가 파라처치 사역을 위해 그 교회를 떠났기 때문에 그 교회는 그에게 모교회가 되어 버린 것이다.

그들이 기꺼이 감독과 징계를 따를 것인가를 묻게 되었을 때, 그는 즉시 동의하며 그와 함께 이 일에 동참하여 일을 진행할 수 있는 세 사람을 지명하였다. 장로들로 구성된 소위원회가 3명의 위원과 타락한 목회자 사이에 연락망을 취하는 기구로 만들어졌다. 그들은 징계 기간 동안 매달 보고서를 제출하였고 일곱 차례 위원회와 만났다.

마침내 장로들은 많은 기도와 여러 차례의 상의를 거친 후 무기명으로 그를 공식적인 목회 사역에 회복시키기 위한 예배를 드릴 것인가에 대한 투표를 하였다. 그 결정은 "그 목회자가 진실된 회개의 모습을 보였고 지속되는 감독을 받았으며 하나님과 가족과의 관계를 바르게 하고 있다"는 조사된 사실을 토대로 하여 이루어진 것이었다.

성령께서 소망의 새로운 메시지로서 그리스도의 교회에 이 타락한 목회자를 주신 것이다. 이로써 모두는 감명을 받았다. 안전 장치가 만들어졌다. 설교할 수 있는 조그만 기회를 받아들이도록 용기를 얻었다. 교회가 타락한 지도자의 겸손한 마음과 하나님 말씀의 가르침에 충성스럽게 따랐을 때, 그 교회는 많은 믿지 않는 많은 사람들을 교회로 인도하였다.


## 재임 예배

재임 예배는 예외적으로 고무적이었다. 마태복음 18장과 히브리서 12장의 말씀을 가지고, 징계는 타락한 지도자를 파괴하려는 것이 아니라 그 자신을 회복시키기 위한 과정이라는 것을 분명히 밝히며, 교회 징계의 목적에 대하여 새로 담임한 목회자가 설교를 했다. 그는 징계는 성결을 산출한다고 했다. 그는 또한 하나님의 은총에 대하여, 하나님께서는 우리가 받을 만한 가치가 있어서 주시는 것이 아니라 값없이 은혜로 주시는 것이라고 하였다. 그리고 전임 목회자와 함께 그 기간 동안 일했던 사람들 중에서 몇 사람이 나와서 간략한 보고를 마치고 예배는 끝을 맺었다. 그리고 그 때 전임 목회자가 이야기할 기회가 주어졌다. 참으로 감동적인 순간이었다.

마침내 전임 목회자를 위하여 특별 기도를 장로들이 했고, 그는 그리스도의 지체로서 공적인 인정을 받고 사역에 재임용 되었다. 교회는 기쁨으로 가득 차게 되었다.

재임 예배 후 13개월 동안 이 새롭게 회복된 목회자는 하나님께서 문을 열어 주실 것을 기다리며 어느 곳에서든 부르는 곳이면 가서 설교를 했다.

비록 그 자신은 담임 목사의 위치에 복귀할 것을 기대하고 있지 않았지만, 지도자 문제를 놓고 내적 갈등을 계속 겪어 왔던 대도시의 한 교회로부터 그에게 담임 목회자직을 맡아 달라는 청빙을 해 왔다. 그는 그들에게 자신의 과거에 대해 솔직하게 털어놓았다. 그러자 그들은 오히려 이렇게 말했다.

"목사님이 폐인이라 해도 우리는 목사님을 모실 것입니다. 사실 우리도 다 똑같은 폐인이 아닙니까?"

오랫동안 기도하고 사역이 회복된 이 목회자는 그의 아내와 약 300여 명의 교인들을 섬기게 되었다.

그가 계속해서 하나님 앞에 겸손히 행하고 아직 미약한 교인들에게 성실히 하나님의 말씀을 가르쳐 나가기만 한다면 교인들의 믿음은 날로 성장해 갈 것이다. 그리고 성령께서는 이 교회를 "마음이 상한 자를 고치며 포로 된 자에게 자유를, 갇힌 자에게 놓임을 선포하며 여호와의 은혜의 해와 우리 하나님의 보복의 날을 선포하는"(사 61:1-2) 교회로 들어 쓰실 것이다.

# 미주

## [1장]

1. Phillip Chalk, "A Jim and Tammy Tale in Dallas," *Dallas Magazine* (September 1988): 39-84.
2. "How Common is Pastoral Indiscretion?" *Leadership* IX, no 1(Winter 1988): 12.
3. Ibid., 13.
4. Ibid., 12.

## [3장]

1. Richard Exley, *Perils of Power: Immorality in the Ministry* (Tulsa, Oklahoma: Honor Books, 1988), 40.
2. Ibid., 39.
3. Bill Hybels, "The Character Crisis," May 24, 1987, Willow Creek Community Church, Seeds Tape Ministry, Tape No. M8721.

4. Exley, 53–55.

5. Ibid., 62–63.

6. Hybels, "The Character Crisis."

7. "The War Within: An Anatomy of Lust," *Leadership* III, no. 4(Fall 1982): 41–
42.

## [4장]

1. Joyce Price, "Fidelity: Soon to Be Extinct In Marriages?" *Washington
Times*, 18 June 1989.

## [5장]

1. Rechard Exley, *Perils of Power*, 34–37, 128–29.

## [9장]

1. Assemblies of God Constitution, (Article IX), 133, 134, 136, 138, 139.

2. Edward G. Dobson, "Should a Fallen Leader Be Restored?"
*Fundamentalist Journal*(May 1989): 12, 61.

3. Ibid., 61.

4. Jack W. Hayford, *Restoring Fallen Leaders*(Ventura, Califonia: Regal
Books, 1988): 4.

5. Ibid., 25–26, 35–38, 40–41, 44, 48.

6. Ibid., 53.

7. John MacArthur, "Should Fallen Leaders Be Restored?"

*Masterpiece*(Fall 1988): 4.

8. John MacArthur, "Manured Shepherds and Clean Sheep," *Masterpiece*(Fall 1988): 3.

9. MacArthur, "Should Fallen Leaders Be Restored?" 4.

10. John MacArthur, Personal correspondence.

11. Charles Swindoll, *Insights for Living*, radio broadcast.

12. John MacArthur, radio broadcast.

# [11장]

1. Gordon MacDonald, *Rebuilding Your Broken World*(Nashville: Oliver-Nelson,) 156.